FASZINIERENDE WELT UNTER WASSER

Dr. Gerhard Paul
Frank Walter

Tetra

ISBN 3-923880-32-4

TetraWerke
Dr. rer. nat. Ulrich Baensch GmbH
Postfach 1580, 4520 Melle 1, W-Germany

Autoren: Dr. Gerhard Paul, Frank Walter

Wissenschaftliche Betreuung „Fischstimmen“:
Günther K. H. Zupanc

Konzeption und Gestaltung:
bp Böhmer & Partner, Bad Homburg v.d.H.

Illustration:
Walter Wiessmann, Hans-Jürgen Eldagsen

Satz: Ernst Knoth GmbH, Melle
Lithografie: Artlitho GmbH, Bissendorf
Druck: Mohndruck GmbH, Gütersloh

1. Auflage 1988

Inhalt

FASZINIERENDE WELT UNTER WASSER

FASZINIERENDE WELT UNTER WASSER

Liebe Aquarien- und Naturfreunde! Wir möchten hier unser neues „Erlebnisbuch Aquarium“ vorstellen. Ein Autorenteam hat nach unseren Anregungen dieses Buch geschrieben, das den Leser in die Geheimnisse der Unterwasserwelt einweihen soll.

Und so könnte eine faszinierende Unterwasserlandschaft, tief im südamerikanischen Dschungel, aussehen: in einem Seitenarm des Amazonas hat sich ein üppiger Pflanzenwuchs angesiedelt. Viele prachtvolle Fische gleiten majestätisch durch den Unterwassergarten: Hier beäugen sich zwei vorbeischwimmende Fische voller Neugierde, dort schießt ein anderer pfeilschnell ins Pflanzendickicht, Schutz vor einem Freßfeind suchend.

Wer diese unbekannte, faszinierende Welt exotischer Fische erleben will, muß nicht gleich in das feucht-heiße Amazonas-Gebiet reisen. Denn einen Ausschnitt des Amazonas kann man sich in „handlichem“ Format nach Hause holen: in einem Aquarium mit Fischen und Pflanzen aus diesem mächtigen Strom.

Fische hinter Glas, im Aquarium, kennt jeder. Ein schönes Bild, ein entspannendes Hobby, mit einem selbstgestalteten Stück Natur. Ein Aquarium eröffnet dem Betrachter Einblicke in einen tropischen Lebensraum, der voller Geheimnisse, Überraschungen und spannender Momente ist.

Jeder kennt den Ausspruch „Stumm wie ein Fisch“. Der erfahrene Aquarianer weiß, daß man den Fischen damit unrecht tut. Fische können nicht nur hören, einige Arten führen sogar regelrechte „Unterhaltungen“, wobei sie je nach Laune, fröhliche oder bedroh-

liche Knurr-, Grunz- und Knacklaute erzeugen.
Hoch hinaus will der Beilbauchfisch, ein heimlicher „Privatpilot“. Wenn er von größeren Fischen bedrängt wird, breitet er seine „Flügel“ – sprich Brustflossen – aus, und macht sich aus dem „Wasser“.
Auch die „Verhaltensforscher“ unter uns kommen nicht zu kurz. Fische zeigen Verhaltensweisen wie Partnerschaft, Schutzbedürfnis, Aggression und Brutpflege noch in ihrer ursprünglichen Form. Bei der Aufzucht der Jungfische mit den Salinenkrebsen wird man Zeuge, wie intensiv sich viele Fischeltern um ihren Nachwuchs kümmern.

Viele Killifische überleben in Gewässern, wie diesem Tümpel in Tansania (Ostafrika), die im Jahresverlauf monatelang austrocknen.

Ein „Überlebenskünstler" aus der Gattung der Killifische ist Rachows Prachtgrundkärpfling.

Wer Freude an seinen Fischen haben möchte, sollte deren Lebenselement besondere Beachtung schenken, denn Wasser ist nicht gleich Wasser. Dies kann man sehr schnell nachweisen, wenn man mit entsprechenden Produkten Wassertests regelmäßig durchführt. Mit Hilfe der Tests kann man schnell und einfach feststellen, ob sich die Fische in unserem Wasser wohlfühlen werden.

Silberbeilbauchfische – die „Flieger" unter den Süßwasserfischen. Wie mit einem Propeller angetrieben, können sie durch die Luft schwirren.

Der Knurrende Gurami gehört, wie schon sein Name verrät, zu den „redseligen“ Fischen.

Das vorliegende Aquariumbuch vermittelt dem Anfänger nicht nur das notwendige Grundwissen, sondern hilft auch, mit fachkundigen Tips Fehler bei der Einrichtung und Pflege eines Aquariums zu vermeiden. Damit der Spaß an dem neuen Hobby erhalten bleibt.

Die Besetzungsvorschläge in verschiedenen Schwierigkeitsgraden eignen sich sowohl für den Neuling als auch für fortgeschrittene Aquarianer als Anleitung und Anregung. Als Nachschlagewerk dient das Buch all denen, die dem Hobby Aquaristik bereits mit Haut und Haaren verfallen sind.

Viel Spaß und Erfolg bei Ihrem Hobby Aquarium.

AM ANFANG WAR DAS WASSER

Mit dem Wasser hat alles angefangen. Dies gilt nicht nur für Aquarianer, sondern für die Menschheit überhaupt.

Die ersten Wirbeltiere, die vor etwa 400 Millionen Jahren die urzeitlichen Meere verließen und an Land kamen, waren die Quastenflosser. Nicht „Neugier", sondern der reine Überlebenswille war es, der diese 30–50 cm großen Fische antrieb: Ihre gewohnte Umgebung – Seen und Flüsse – trocknete in regelmäßigen Abständen aus.

Die sich im Laufe der Zeit entwickelnden Fähigkeiten der Lungenatmung (die Lunge ist quasi nichts anderes als eine „umgebaute" Schwimmblase und hat wie diese die Aufgabe, dem Blut atmosphärischen Sauerstoff zuzuführen und Kohlensäure abzugeben) und der Fortbewegung auf stummelartigen Bauch- und Brustflossen erschloß diesen Fischen völlig neue Möglichkeiten, andere, noch nicht ausgetrocknete Tümpel u. ä. zu suchen.

Versteinerung eines fossilen Quastenflossers. Diese Fische waren aufgrund ihrer Lungenatmung als erste Wirbeltiere dazu in der Lage, das Land zu erobern.

Ein lebendes Fossil ist dieser Komoren-Quastenflosser. 1938 fand man erstmals diesen Fisch, von dem man annahm, daß er schon längst ausgestorben sei.

Für die Entwicklungsgeschichte waren diese seltsamen, amphibischen Wesen von höchster Bedeutung: Sie sind die direkten Vorläufer der Lurche und Reptilien, wie wir sie heute kennen, und damit Vorläufer in der langen Kette der Evolution, an deren Ende der Mensch steht.

Auch Fische brauchen eine ihren Bedürfnissen entsprechende Umgebung, bestimmte Lebensbedingungen, um nicht krank zu werden oder gar frühzeitig zu sterben. Um diese Wasserbewohner artgerecht halten zu können, müssen wir daher in etwa die gleichen Voraussetzungen schaffen wie in ihrem heimatlichen Lebensraum.

Zwar gibt es Fischarten, die selbst unter extremen Bedingungen existieren können, z. B. im 120 km südwestlich von Nairobi, der Hauptstadt des ostafrikanischen Staates Kenia, gelegenen Magadi-See: Hier steigt die Lufttemperatur – in der Sonne gemessen – auf bis zu 80° C, was Wassertemperaturen von 32 bis 42° C zur Folge hat – Wärmegrade also, wie sie unsere Freibäder nicht einmal an den heißesten Hundstagen erreichen. Doch damit nicht genug: Obendrein wird der See von zahlreichen Sodaquellen gespeist, die Ufer sind von Salzkrusten gesäumt. Diese heiße „Salzbrühe" ist der natürliche Lebensraum des Buntbarsches *Tilapia grahami*.

Doch ganz so extrem geht es in unserem Aquarium nicht zu: Die tropischen Fische, die wir halten wollen, kommen mit weitaus niedrigeren Temperaturen zurecht. Der Idealbereich liegt in der Regel zwischen 22 und 28° C, Temperaturen, die allerdings ohne zusätzliche Heizung nicht konstant zu erreichen sind: Eine Aquarienheizung muß her.

Doch die richtige Temperatur ist nicht alles. Im Wasser, auch in unserem „sauberen" Leitungswasser, stecken zahlreiche Gefahren für unsere Fische. Das fängt mit Chlor an. Besonders in Großstädten ist das Trinkwasser gechlort, um Krankheitserreger abzutöten.

Wir sprachen vorhin von Fischen, die sich nicht vor heißem versalzenem Wasser scheuen; Fische, die sich in frisch gechlortem Wasser wohlfühlen, sind bisher jedoch noch nirgends entdeckt worden.

Mancher denkt jetzt vielleicht an Regenwasser, das ja bekanntlich kein Chlor enthält; dafür sind darin aber reichlich Schmutzpartikel und Chemikalien gelöst, die beim Niederschlag aus der Luft gewaschen wurden und den Fischen schaden. Außerdem ist Regenwasser für viele Fische viel zu weich.

Wer meint hier, Wasser sei immer weich? Irrtum – mit „weich" oder „hart" bezeichnet man den Gehalt an Salzen, im wesentlichen Kalziumbikarbonat, Magnesium- und Kalziumsulfat. Das Wohlergehen der meisten Fische hängt unter anderem von der richtigen Wasserhärte ab. So bevorzugen viele, z. B. die Lebendgebärenden Zahnkarpfen, zu denen auch Guppys, Schwertträger und Platys gehören, Wasser mittlerer Härte, die einen Härtegrad von etwa 14 bis 18° dH haben (Grad deutscher Härte = Maßeinheit für die Wasserhärte; 10 mg Kalziumoxid in 1 l Wasser entspricht 1 deutschen Härtegrad). Dann fühlen sie sich am wohlsten.

Also wieder nichts mit Regenwasser. Ist auch nicht nötig: Die Stadtwerke geben gerne Auskunft, welche Gesamthärte das Leitungswasser hat. Man kann natürlich auch einen Wassertest durchführen. Dies geht einfach und schnell, und außerdem ist ein Test interessant und lehrreich.

Beim Kauf der Fische sollte man darauf achten, daß das heimische Leitungswasser ihren Ansprüchen genügt. Diese Ansprüche werden in den Kapiteln über die einzelnen Fischarten beschrieben. Das Thema Wasserverschmutzung darf in diesem Zusammenhang nicht außer acht gelassen werden, denn so etwas ähnliches wie sauren Regen kann es auch im Aquarium geben.

Der Tip des Hobby-Aquarianers

T. Witt, 17 Jahre.

„Ich habe bei Experimenten feststellen können, daß eine Zimmerpflanze wie der Philodendron die Wasserqualität unheimlich steigert, wenn man den Topf so hinter das Aquarium stellt, daß die Luftwurzeln ins Wasser hineinwachsen können. Erstens zieht die Pflanze Nährstoffe wie z. B. Nitrate aus dem Wasser, Stoffe also, die für Fische giftig sind. Und zweitens sieht es auch interessant aus, wenn die weißen Wurzeln im Wasser hängen, fast so wie eine Miniaturausgabe der Mangrovenwurzeln in den Everglades von Florida.

Die Fische halten sich auch sehr gern zwischen den Wurzelfäden auf. Manche knabbern dran, andere legen ihre Eier an den Wurzeln ab.

Und dann sieht das auch toll aus, wenn sich so eine Pflanze innerhalb und außerhalb des Aquariums ausbreitet."

Der Nitrit-Test

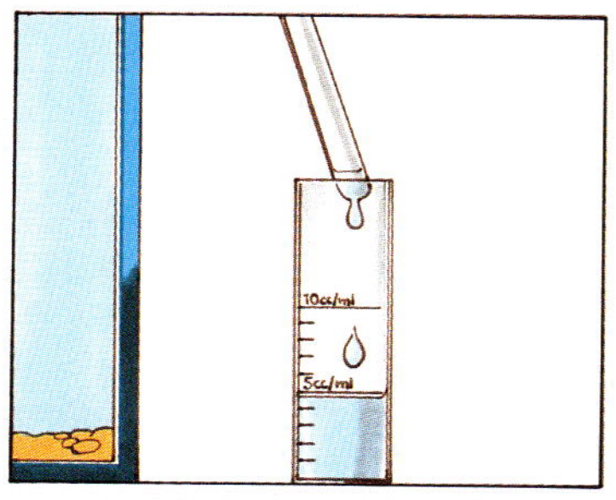

5 ml Aquarienwasser und 7 Tropfen Test-Flüssigkeit Nitrit 1 in die Küvette geben. Küvette leicht schütteln.

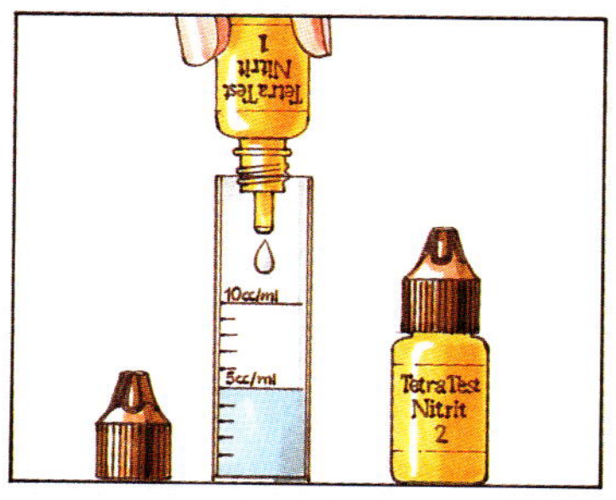

Nach 10 Sekunden 7 Tropfen Nitrit 2 hinzugeben und nochmals schütteln. 2 bis 5 Minuten stehen lassen.

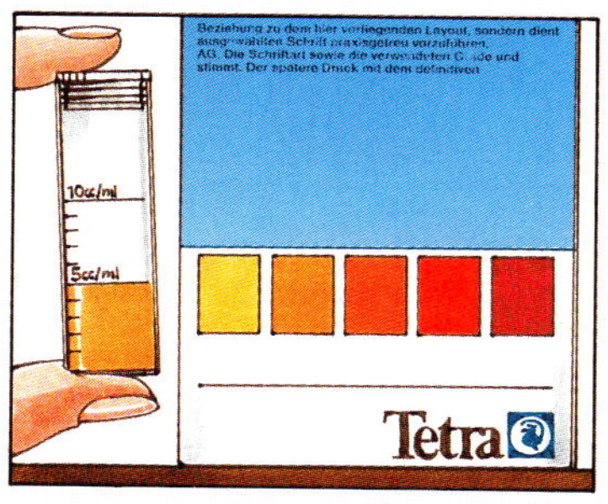

Den Farbton der Flüssigkeit mit der Farbskala vergleichen und den Meßwert ablesen.

Die organischen Abfallstoffe werden von Bakterien in das für Fische schädliche Nitrit umgewandelt. Aus diesem Grund sollte der Nitrit-Wert wöchentlich gemessen werden. Günstig ist ein Wert von maximal 0,1 mg/l.

Ein Aquarium wird ja nicht luftdicht abgedeckt und auch von der Durchlüftungspumpe (auf die wir später noch zu sprechen kommen) reichlich mit Außenluft versorgt. Rauchen sowie das Versprühen von Insekten- und anderen Sprays sollten daher vermieden werden. Andernfalls könnten die Fische ernsthaften Schaden nehmen.

Wunschtraum des Aquarianers – das „Biologische Gleichgewicht“

Der „Kampf ums Überleben“ findet überall in der Natur statt, auch unter Wasser, und selbstverständlich macht das vor dem Aquarium nicht halt. Auch hier „kämpfen“ die Pflanzen untereinander um einen „Platz an der Sonne“, die Fische um die besten Revierplätze und die Kleinstlebewesen ums nackte Überleben.

Es gibt jedoch – zumindest in der Theorie – ein Stadium, in dem alle Arten perfekt miteinander auskommen, ein Stadium, in dem alle Faktoren ausbalanciert sind: das Biologische Gleichgewicht. Dieser – auch in der Natur nur vorübergehend auftretende – Zustand der Stabilität entsteht dann, wenn sich alle Komponenten über einen gewissen Zeitraum gesehen aufeinander einpendeln.

Die Fische zum Beispiel verbrauchen Sauerstoff, den die Pflanzen tagsüber durch Photosynthese (siehe Kapitel „Pflanzen“) herstellen; die Pflanzen dagegen sind für Kohlensäure dankbar, die durch die Atmung der Fische produziert wird. Den Fischen wiederum kommt es zugute, wenn die Pflanzen sich die gefährlichen Nitrate einverleiben, die beim Abbau von Futterresten, abgestorbenen Pflanzenteilen und durch Ausscheidungen der Fische entstehen.

Die Pflanzen werden bei ihrer Arbeit noch von Bakterien unterstützt, die sich im Filtermaterial und im Bodengrund häuslich niederlassen. Diese machen sich gierig über die Abfallstoffe her, die von Pflanzen und Fischen gleichermaßen anfallen.

Das Zusammenspiel der biologischen Kräfte ist somit davon abhängig, welche und wieviele Pflanzen und Fische sich den Lebensraum „Aquarium" teilen. Ebenso wichtig sind die richtigen Nährstoffe und wieviel Licht, Luft und Lebensraum zur Verfügung stehen.

Der Idealfall des sich selbstregulierenden, ohne äußere Eingriffe funktionierenden Aquariums ist nie zu erreichen. Wir können Fischen und Pflanzen aber angemessene Lebensbedingungen bieten, und es ist daher von entscheidender Bedeutung, Wasser, Bodenmaterial, Temperatur und Beleuchtung die erforderliche Aufmerksamkeit zu schenken.

So kann mit relativ geringem Wartungsaufwand Fischen und Pflanzen ein angenehmer Lebensraum geschaffen werden. Und damit dies auch auf Anhieb gelingt, wenden wir uns jetzt den Einzelheiten zu.

Die organischen Abfallstoffe (Pflanzen-, Futterreste und Fischkot etc.) werden vom Innenfilter angesaugt und dort abgelagert. Ein Teil dieser Abfallstoffe werden dort in Nitrat umgewandelt, das als Pflanzendünger wirksam ist. Die Pflanzen wiederum produzieren Sauerstoff, der für die Fische lebensnotwendig ist. Die Fische liefern das Kohlendioxid, das die Pflanzen für ihr Wachstum benötigen. So schließt sich der Kreislauf.

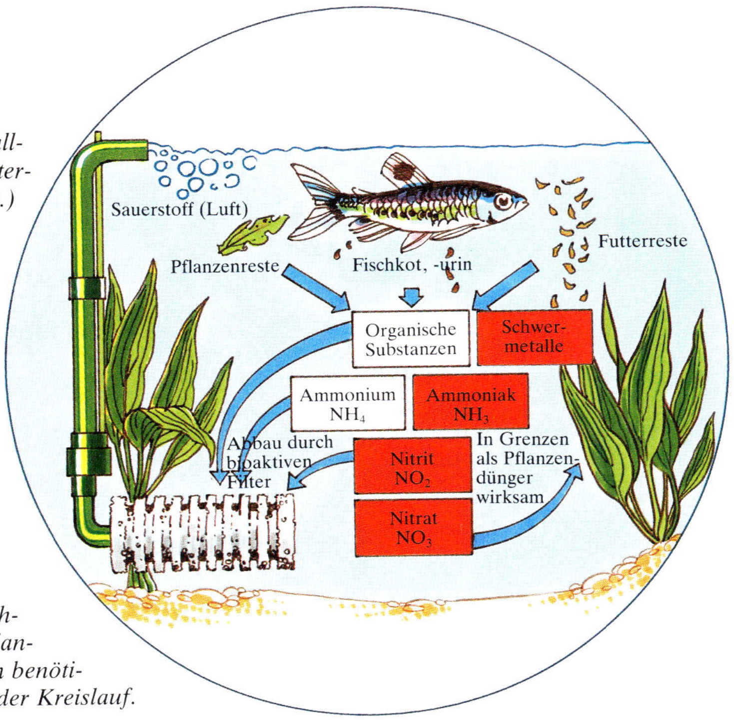

Der Nilhecht – von Beruf Wasserprüfer

Wie sensibel Fische auf die Qualität des Wassers reagieren, zeigt das Beispiel des Nilhechts, der bei den Stadtwerken Göppingen zur Überprüfung der Trinkwasserqualität eingesetzt wird. Der Nilhecht gibt im gesunden Zustand 400 bis 800 elektrische Impulse pro Minute ab, die auf einem Digitalanzeiger sichtbar gemacht werden. Auf eine Verschmutzung des Wassers mit Schwermetallen wie Blei, Quecksilber usw. reagiert der Fisch bereits weit unterhalb der für den Menschen gefährlichen Schwelle. Beim Absinken der Frequenz auf 200 Impulse wird Alarm ausgelöst und das Wasser auf Giftstoffe untersucht.

DAS AQUARIUM

Die Wahl des Aquariums hängt in erster Linie von der Anzahl, der Größe und von den Lebensbedingungen der Fische ab, die man pflegen möchte. Bevor man sich ein Aquarium anschafft, ist es deshalb ganz gut, wenn man zunächst eine Liste mit seinen Wunschfischen, deren Anzahl und Größe anlegt. Die Größe des Aquariums ist dann leicht zu berechnen: Über den Daumen gepeilt, sollten etwa 1 bis 2 l Wasser pro cm Fisch vorhanden sein. (Bitte nicht vergessen, daß diese Faustregel für erwachsene Fische gilt! Die Fische in den Aquarien der Zoofachgeschäfte sind ja meist noch nicht ausgewachsen.)

So seltsam dies klingen mag: Gerade Einsteiger sollten sich für ein möglichst großes Aquarium entscheiden. In einem Aquarium mit einem Fassungsvermögen von 100 bis 200 Litern ist es wesentlich einfacher als in einem kleineren, stabile Lebensbedingungen für Fische und Pflanzen herzustellen.

Das berühmt-berüchtigte Goldfischglas eignet sich bestenfalls als Trinkgefäß bei übermäßigem Durst. Als Aquarium wäre es aufgrund seiner Form und der geringen Größe eine Katastrophe. 10 bis 15 l Rauminhalt sollten das absolute Minimum sein, und auch das nur für als Aufzucht- oder Quarantänebecken genutzte Behältnisse.

Es gibt verschiedene Aquarienarten, die entweder aus Kunststoff oder Glas hergestellt sind. Als Dauerlösung kann man nur ein Glasaquarium empfehlen, egal ob mit oder ohne Rahmen. Es ist mit Silikonkautschuk geklebt und bietet die erforderliche Sicherheit.

Kunststoffaquarien haben die unangenehme Eigenschaft, daß der Kunststoff leicht zerkratzt und unter Umständen mit der Zeit vergilbt.

Der Tip des Hobby-Aquarianers

„Wer keine unliebsamen Überraschungen erleben möchte, sollte sein Aquarium erst einmal mit Wasser füllen und etwa zwei Tage „ziehen lassen".

Zum einen zeigt sich dann, ob irgendwo undichte Stellen in der Verklebung vorhanden sind, zum anderen hat der Silikonkleber die unerfreuliche Eigenschaft, Giftstoffe abzugeben, über welche Fische und Pflanzen alles andere als erfreut sind.

Leert man das Becken nach der „2-Tage-Probe" und füllt es dann erneut, besteht keine Gefahr mehr."

Gegossene Vollglasaquarien sind ebenfalls mit Vorsicht zu genießen. Man sollte nicht mehr als 20 Liter einfüllen, denn das Glas steht unter starker Spannung und kann bei plötzlichen Stößen, übermäßiger Belastung und starken Temperaturschwankungen einfach zerspringen. Ebenso wie kleinere Kunststoffaquarien ist es nur als Aufzucht- oder Quarantänebecken geeignet.

Ein Wort zur Aufstellung des Aquariums: Hier darf auf keinen Fall das Gewicht außer acht gelassen werden. 1 l Wasser wiegt 1 kg, ein 100 l Aquarium zusammen mit der Einrichtung etwa 130–140 kg. Damit bringt es schon so viel auf die Waage wie ein gut genährter Erwachsener mit Kind.

Bei einem so hohen Gewicht muß man den Aufstellungsort sorgfältig auswählen. Es sollte nicht unbedingt das Fensterbrett sein, denn im Fachhandel gibt es entsprechende tragfähige Gestelle und Unterschränke für das Aquarium.

Der Standort am Fenster ist noch aus einem anderen Grund nicht besonders geeignet. Warum, wird im nächsten Kapitel erklärt.

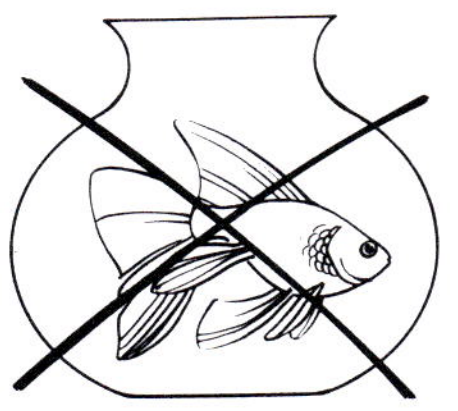

„Wie es Ihnen gefällt“

Verschiedene Aquarienformen

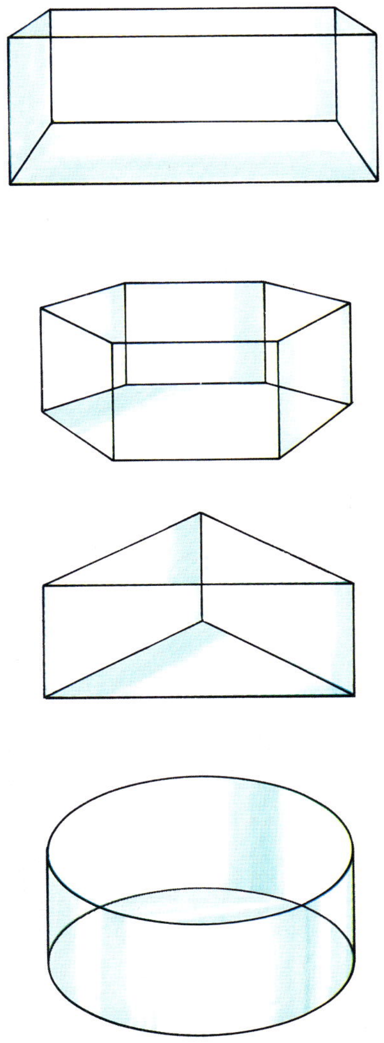

1-2 l/cm

Für 1 cm Fisch werden ca. 1 – 2 l Wasser benötigt.

Das Handwerkszeug des Aquarianers

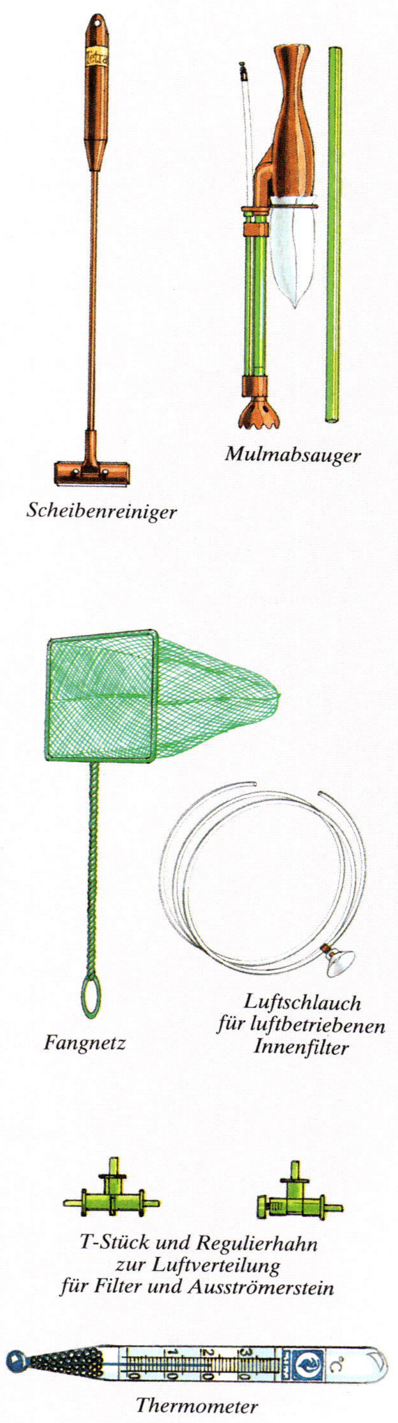

Es werde Licht!

Das Fensterbrett ist kein geeigneter Standort für das Aquarium.

Die Beleuchtung

Um gleich einmal die Frage des Fensterbrettes zu klären:
Zum einen tragen viele Fensterbretter das Aquariumgewicht nicht, zum anderen wird es im Winter so kalt, daß die Aquarienheizung nicht mehr ausreicht. Im Sommer kann es so warm werden, daß die Fische vom Hitzschlag bedroht sind. Auch tropische Fische können bei Temperaturen über 30° C nicht lange überleben, von wenigen Ausnahmen einmal abgesehen.

Obendrein regt das direkte Sonnenlicht nicht nur das Wachstum der erwünschten Aquarienpflanzen unkontrolliert an, sondern auch das der Algen, die bei Aquarianern nicht gerade gern gesehen werden. Wer also auf ein „Algenaquarium" keinen Wert legt und sich die tägliche Algenentfernung ersparen möchte, sollte längere Sonneneinstrahlung vermeiden.

Die Farbigkeit der Aquarienbewohner kommt außerdem bei Gegenlicht nur schlecht zur Geltung; frontales oder von oben kommendes Licht ist wesentlich günstiger.

Dieser Lichteinfall ist mit einer künstlichen Beleuchtung zu erreichen, die aber noch aus einem weiteren Grund unentbehrlich ist: Tropische Fischarten – und zu ihnen zählen die meisten unserer Aquarienfische – erwarten mindestens 12 Sonnenstunden am Tag. Unsere kurzen Wintertage könnten ihnen dies nicht bieten. Nach der Faustregel „1 Watt pro 2 Liter Wasser" müssen demnach für ein 100-Liter-Aquarium etwa 50 Watt Lichtleistung bereitgestellt werden.

Die Beleuchtung sollte idealerweise dem natürlichen Tageslicht entsprechen, also in etwa dieselbe farbliche Zusammensetzung haben wie das Sonnenlicht. Bestens bewährt hat sich eine Mischung aus Kaltton- (blaustichigem) und Warmton- (rotstichigem) Licht –

erzeugt durch Leuchtstoff-Röhren. Ihre Lichtleistung und -streuung ist größer als bei Glühbirnen, und sie erzeugen überdies weniger (unerwünschte) zusätzliche Wärme. Gleichmäßiges, weiches Licht ist für ein Aquarium immer vorzuziehen, denn es sorgt für eine Ausleuchtung, bei der die Fische am besten „Farbe bekennen".

Wenn die Pflanzen nicht richtig wachsen wollen, kann das an der Zusammensetzung der Beleuchtung liegen. Andere Kombinationen der Leuchtstoff-Röhren können hier Abhilfe schaffen. Entsprechende Aquarienabdeckungen mit eingebauten Leuchtstoff-Röhren gibt es im Fachhandel zu kaufen.

Für ein Aquarium von mehr als 60 cm Wassertiefe sollte man die modernen Quecksilberdampf-Lampen verwenden. Das Licht der Leuchtstoff-Röhren kann diese Wassertiefe nicht mehr durchdringen, da zu viele Lichtanteile weggefiltert werden. Quecksilberdampf-Lampen haben einen weiteren Vorteil: Ihr Licht entspricht annähernd der Zusammensetzung des Tageslichtes, so daß man meist ohne die Kombination mehrerer Lampen auskommt. Diese Lichtquellen brauchen einige Sekunden, um auf ihre volle Leuchtkraft zu kommen. Damit wird den Fischen ein regelrechter „Sonnenaufgang" beschert, den sie ganz toll finden.

Die richtige Beleuchtung ist Voraussetzung für gesunde Pflanzen und Fische. Bestens geeignet sind Leuchtstoffröhren und Quecksilberdampf-Lampen.

Kies und Stein, das muß sein

Die Dekoration

Ein Aquarium ist ja nun vorhanden. Allerdings nur ein leeres und das reicht uns selbstverständlich nicht.

Pflanzen müssen hinein, aber auch ein Untergrund muß geschaffen werden, der den Pflanzen Halt und den Fischen Gelegenheit zum Wühlen gibt. Wir selbst wohnen ja auch nicht in kahlen Räumen ...

Als „Möbel" dienen Kies, Steine und dergleichen. Wer jetzt gleich in den Garten rennen oder die Schachteln unter dem Bett nach Steinen aus dem letzten Urlaub durchwühlen möchte, sollte sich noch einen Augenblick gedulden, denn auch die Wahl des Bodengrundes will bedacht sein.

Nicht alles ist für jeden Fisch gleichermaßen geeignet.

Scharfkantige Steinchen und gemahlener Quarzsand verbieten sich, wenn „Wühler", z. B. Welse, eingesetzt werden: Während sie im Bodengrund Nahrung suchen, könnten sie sich verletzen. Dagegen sind von Wind und Wasser rundgeschliffene Steine im Aquarium immer gern gesehen, zumal, wenn sie dunkel sind, denn das gibt einen reizvollen Kontrast zur Farbigkeit der Fische. Den geeigneten Bodengrund holt man sich entweder beim Fachhändler oder aus sauberen Bächen und Flüssen, und auch der eine oder andere aus

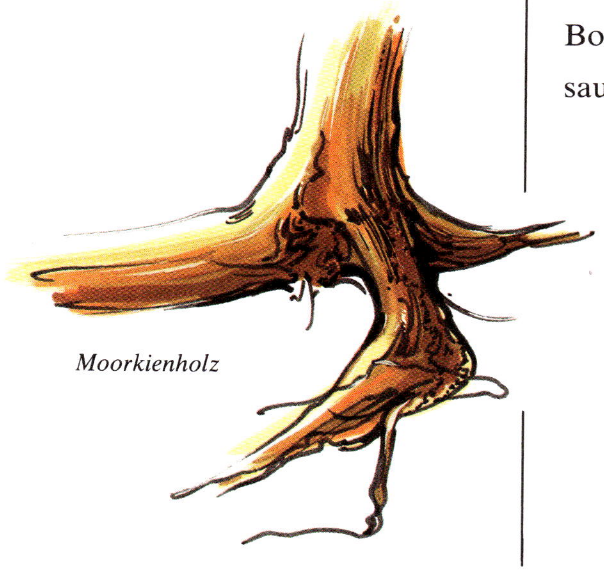

Moorkienholz

Lochgestein

Große Kieselsteine

dem Urlaub mitgebrachte Stein kommt zu neuen Ehren, zumal seine schöne Färbung erst im Wasser richtig zur Geltung kommt.
Bevor Steine, Kies und Sand aber ins Aquarium dürfen, müssen sie gewaschen werden, bis sich das Wasser nicht mehr trübt. Vorsicht bei kalkhaltigem Gestein: Es verändert im Lauf der Zeit die Wasserhärte im Aquarium, was vielen Fischen nicht bekommt.
Es gibt aber auch Fische, die nun immer noch nicht zufrieden sind, z. B. solche, die gern wühlen und baggern, wie Welse und Barsche. Sie sind für eine Stelle mit besonders feinem Sand (kein Vogelsand!) dankbar.
Wasserpflanzen nehmen nicht nur über die Blätter, sondern auch über die Wurzeln Nährstoffe auf. Daher sollte auf eine Düngung des Bodengrundes nicht verzichtet werden.
Zum Dekorieren bestens geeignet ist sogenanntes Moorkienholz. Hierbei handelt es sich um Holz, das vom langen Lagern im Moor so konserviert ist, daß es – ganz im Gegensatz zu normalem Wurzelholz – im Aquarium nicht mehr verfault.
Bei der Dekoration des Aquariums mit großen Steinen und Wurzeln ist darauf zu achten, daß im Vordergrund ein gut einsehbarer Schwimmraum für die Fische freibleibt. Die großen Brocken sollten daher im Hintergrund liegen – schließlich möchte man ja freien Blick auf die Fische haben.

Steinholz

Urgestein

Es grünt so grün

Die Pflanzen

Die Bepflanzung ist ein wesentlicher Teil jedes Aquariums. Nicht nur, weil Pflanzen das Aquarium optisch attraktiver machen, sondern auch, weil sie durch Photosynthese Sauerstoff produzieren, den die Fische ebenso dringend benötigen wie die Menschen.

Außerdem sollte man nicht vergessen, daß die Pflanzen eine wichtige Zufluchtstätte für die rangniedrigeren Fische darstellen. Fehlt das Pflanzenversteck, werden sie von ranghöheren Fischen so lange gejagt, bis sie an Dauerstreß sterben.

Auch der Fischnachwuchs ist für ein üppig wachsendes Labyrinth von Pflanzenblättern äußerst dankbar: Oft haben die Eltern kannibalische Anwandlungen, denen sich Jungfische nur durch rasche Flucht hinter den Pflanzenvorhang entziehen können. Überdies sind die Pflanzenblätter für viele Fischarten ein höchst willkommener Platz zur Eiablage, und als Zusatznahrung und „Gemüsebeilage" zum täglichen Menü werden sie ebenfalls geschätzt.

Am wichtigsten ist jedoch die Tatsache, daß die Unterwasserflora tagsüber Kohlendioxid aufnimmt und dafür Sauerstoff abgibt. Nachts kehrt sich dieser Vorgang zwar um, aber die Menge Sauerstoff, welche die Pflanzen in dieser Zeit aufnehmen, fällt gegenüber der Tagesproduktion kaum ins Gewicht.

Anders verhält es sich bei der nächtlichen Abgabe des giftigen Kohlendioxids: Bei zu dichter Bepflanzung und zu vielen Fischen bleibt letzteren nachts „die Luft weg". Dem kann man mit einer Durchlüftungspumpe zuvorkommen, die zusätzlich Sauerstoff in das Aquarium bringt.

Pflanzen bauen aber auch den gefährlichen Stickstoff ab, den die Fische als Abfallprodukt erzeugen: Sie tragen somit dazu bei, das Aquarienwasser „fischgerecht" zu machen.

Walkers Wasserkelch
Cryptocoryne walkeri

Haertels Wasserkelch
Cryptocoryne affinis

Barclaya
Barclaya longifolia

Riesenwasserfreund
Hygrophila corymbosa

Seegrasblättriges Trugkölbchen
Heteranthera zosterifolia

Grasartige Amazonaspflanze
Echinodorus tenellus
Wasserhaarnixe
Cabomba caroliniana
Wassersumpffreund
Limnophila aquatica
Thailändischer Wasserfreund
Hygrophila stricta
Schraubenvallisnerie
Vallisneria asiatica
Haargras
Eleocharis acicularis
Javamoos
Vesicularia dubyana
Eidechsenschwanz
Saururus cernuus
Indischer Wasserwedel
Hygrophila difformis
Herzblättriger Wasserwegerich
Echinodorus cordifolius

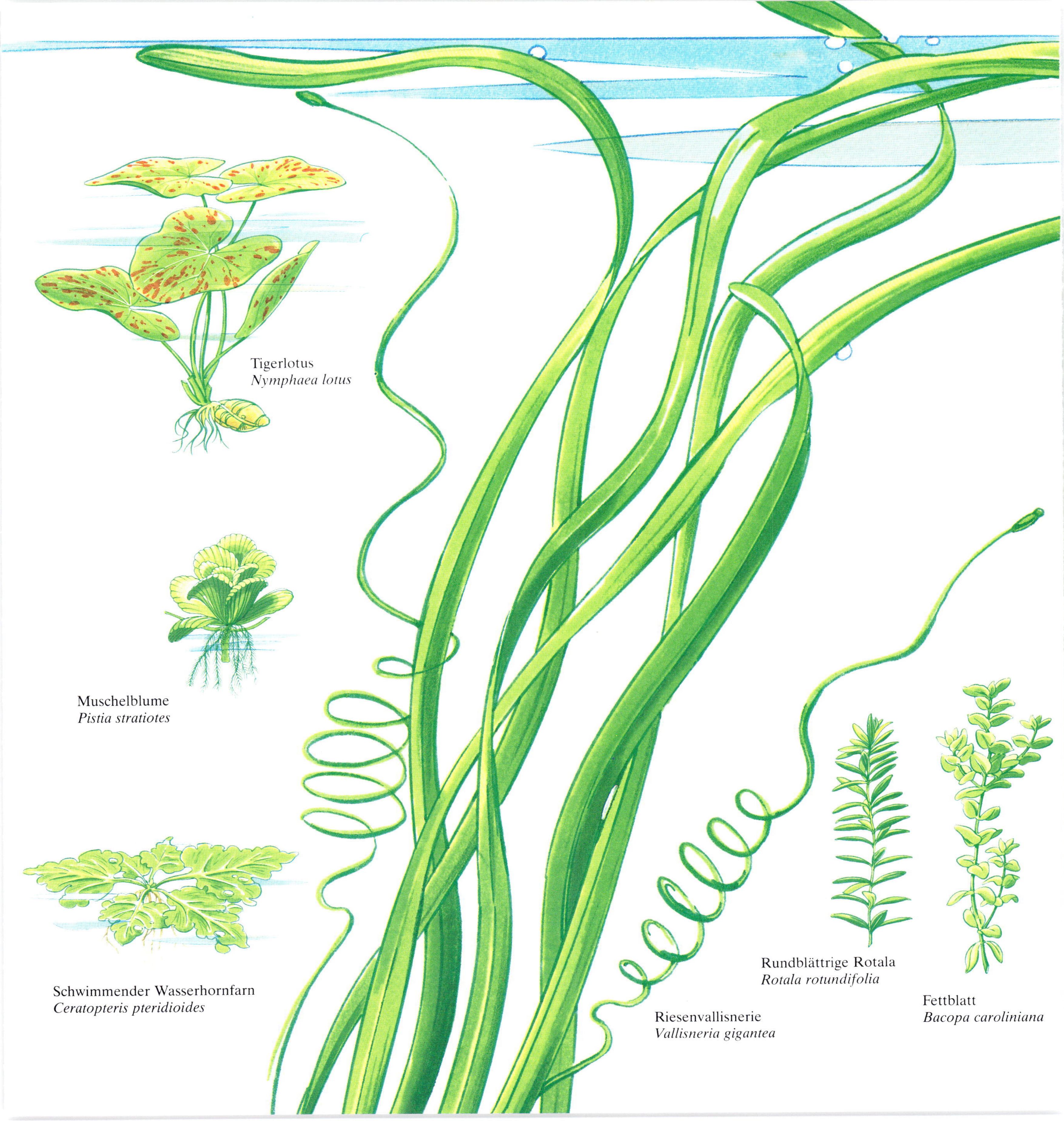
Tigerlotus
Nymphaea lotus
Muschelblume
Pistia stratiotes
Schwimmender Wasserhornfarn
Ceratopteris pteridioides
Riesenvallisnerie
Vallisneria gigantea
Rundblättrige Rotala
Rotala rotundifolia
Fettblatt
Bacopa caroliniana

Je größer die Oberfläche der Pflanzenblätter ist, desto besser können sie ihre Aufgaben erfüllen. (Die größere Oberfläche haben übrigens die filigranen, feinfiedrigen Sorten und nicht die großblättrigen Wasserpflanzen.) Gesunde Pflanzen verhindern auch, daß sich Algen breitmachen können, denn sie nehmen den Algen die Nährstoffe weg.

Die Unterwasser-Gartenschau

Es gibt drei Gruppen von Wasserpflanzen: Stengelpflanzen, Pflanzen mit grundständigen Blättern und Schwimmpflanzen.

Stengelpflanzen haben nichts gegen Gedränge – man kann sie in 1 bis 2 cm Abstand setzen. Als Hintergrundbepflanzung sind sie zu empfehlen. Einige geeignete Beispiele: Haarnixe, Wasserpest, Tausendblatt, Ludwigia und Indischer Wasserwedel.

Bei Wasserpflanzen mit grundständigen Blättern, wie Wasserschraube, Wasserähre und Wasserkelch, ist es ratsam, sie nicht zu eng zu pflanzen, da sie bald groß werden und ihre Blätter stärker ausbreiten. Das Aquarium wäre dann schnell zugewachsen.

Teich- und Seerosen z. B. wurzeln am Boden und treiben ihre Blätter zur Wasseroberfläche. Man könnte sie als Schwimmblattpflanzen bezeichnen. Andere – z. B. die Wasserlinse – haben sich „freigeschwommen“; sie sind reine Schwimmpflanzen.

Große Amazonas-Schwertpflanze
Echinodorus bleheri

Die ungefilterte Wahrheit

Der Filter

Wie bereits angesprochen, ist das „Biologische Gleichgewicht“ im begrenzten Raum eines Aquariums kaum zu erreichen.

Das bedeutet, daß im Lauf der Zeit Schwebstoffe wie Futterreste, Algen, abgestorbene Pflanzenteile und die unsichtbaren, aber besonders gefährlichen Stoffwechselprodukte der Fische anfallen. Werden diese Rückstände nicht entfernt, geht es den Fischen im wahrsten Sinne des Wortes „dreckig“.

Eine Möglichkeit zum „Hausputz“ besteht darin, den sich am Boden ansammelnden Mulm mit einem Schlauch abzusaugen. Und das geht so: den Schlauch ganz ins Aquarium legen, bis er sich mit Wasser gefüllt hat. Dann ein Ende mit dem Finger zuhalten und aus dem Becken nehmen. Sobald der Finger die Öffnung freigibt, läuft das Wasser in den bereitgestellten Eimer. (Das funktioniert aber nur, wenn der Wassereimer tiefer steht als das Aquarium und das andere Ende des Schlauchs nicht versehentlich Luft zieht.) Wichtiger Hinweis: Vor Beginn des Absaugens den Netzstecker der Heizung herausziehen, sonst kann der Heizstab platzen und das Aquarium steht unter Strom!

Der Sog des ablaufenden Wassers ist stark genug, das Schlauchende im Aquarium wie einen Staubsauger wirken zu lassen: Dicht über den Boden gehalten, wird der Mulm abgesaugt. Aber auch Bodenmaterial und sogar kleine Fische können mitgerissen werden. Also Vorsicht! (Und nachher nicht vergessen, das Aquarium wieder aufzufüllen und die Heizung in Betrieb zu nehmen).

Zur Filterung des Aquarienwassers gibt es zwei Möglichkeiten. Die eine heißt in unserem Fall „Innenfilter“ und befindet sich, wie der Name vermuten läßt, im Aquarium. Der Innenfilter – es gibt luft- und motorbetriebene – saugt in Bodenhöhe verschmutztes Wasser

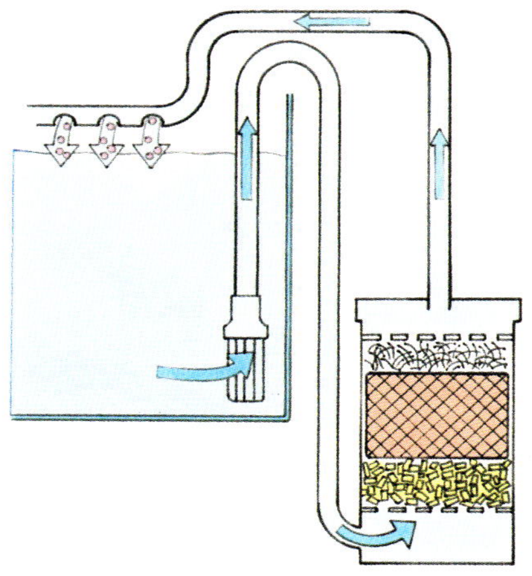

Außenfilter braucht man nicht so häufig zu reinigen, da sie ein großes Filtervolumen besitzen. Daher werden die Fische nicht so oft gestört.

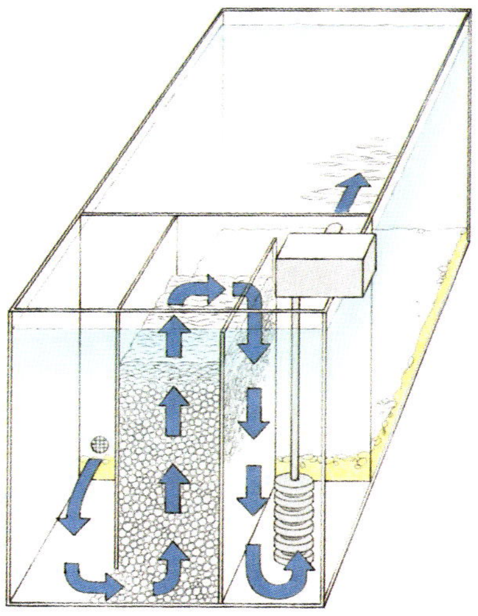

Hervorragend geeignet ist dieser Filter, der in das Aquarium integriert ist.

an, drückt es durch die Filtermasse aus Schaumstoff oder Watte und läßt es in Höhe der Wasseroberfläche wieder heraussprudeln.

Die Vorteile dieser Filter: Zum einen kann kein Schlauch abspringen, was zum Auslaufen des Aquariums führen würde, zum anderen wird das Wasser zusätzlich mit Sauerstoff angereichert. Einziger Nachteil dieser Filtermethode: Sie stört das empfindliche Auge jener Aquarianer, die etwas gegen „Fremdkörper" im Aquarium haben; deshalb greifen diese zur zweiten Möglichkeit: dem Außenfilter.

Außenfilter liegen gut im Rennen. Erstens kann man sie dort hinstellen, wo sie nicht stören, zweitens haben sie im allgemeinen ein größeres Filtervolumen als Innenfilter. Sie haben dafür allerdings den Nachteil, daß man nasse Füße bekommt, sollte sich mal der Schlauch lockern.

Was übrigens die Reinigung angeht: Bitte das Filtermaterial mit handwarmem, klaren Wasser regelmäßig reinigen. Durch ihre Funktionsweise saugen Filter Mulm an. Hierdurch wird der Filter verstopft und es bilden sich giftige Fäulnisprodukte.

Filter müssen etwa alle 14 Tage gereinigt werden. Das Filtermaterial darf nie mit heißem Wasser ausgewaschen werden: Die „kleinen Helfer", nützliche Bakterien, die sich von den Abfallstoffen ernähren, würden zerstört.

Bei der Schaumstoffpatrone des Innenfilters genügt einfaches Ausdrücken unter handwarmem, fließenden Wasser. Auf keinen Fall Reinigungsmittel verwenden.

Es liegt was in der Luft ...

Die Durchlüftung

Ebenso wie wir Menschen benötigen auch unsere Pfleglinge Sauerstoff zum Leben. Dieser Sauerstoff ist – in gelöster Form – auch im Wasser zu finden. Die Fische können ihn mit ihren Kiemen aufnehmen und gleichzeitig Kohlendioxid abgeben.

Im Aquarium ist es nicht wie in der Natur, wo Strömung, Regen und Wind dafür sorgen, daß ausreichend Sauerstoff ins Wasser kommt. Die logische Folgerung: Sauerstoff muß von außen zugeführt werden.

Das geht am einfachsten mit der Durchlüftungspumpe, die bei einem luftbetriebenen Innenfilter schon vorhanden ist. Vor allem für Aquarien, in denen es von Fischen nur so wimmelt, oder Aquarien, die nur einen kärglichen Pflanzenbewuchs aufweisen, ist solch eine Pumpe dringend anzuraten. In reichlich bepflanzten Aquarien mit angemessenem Fischbesatz liefern die Pflanzen, bei richtiger Beleuchtung, eigentlich genügend Sauerstoff.

Die Durchlüftung funktioniert so: Eine Membranpumpe preßt Luft in den Filter oder in einen porösen Kunststein, der in Bodennähe im Aquarium angebracht ist. Die aufsteigenden Luftperlen wälzen das Wasser um, überschüssiges Kohlendioxid wird an der Wasseroberfläche ausgetrieben und das Wasser mit Sauerstoff angereichert.

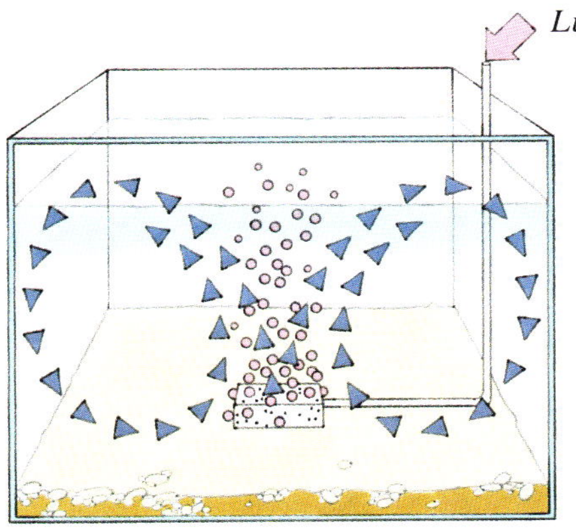

Die Durchlüftung sorgt für zusätzliche Sauerstoffzufuhr im Aquarium.

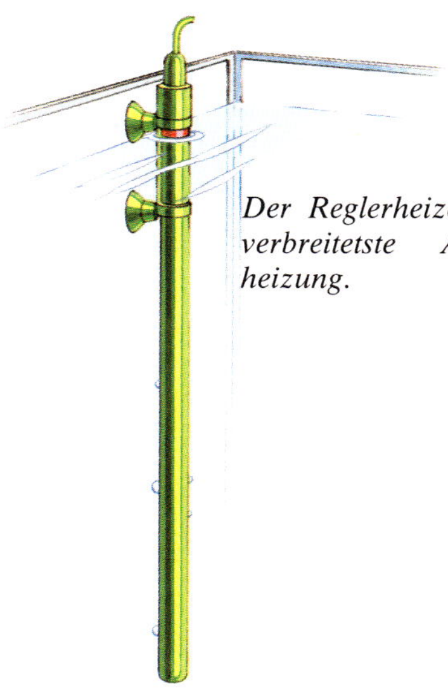

Der Reglerheizer ist die verbreitetste Aquarienheizung.

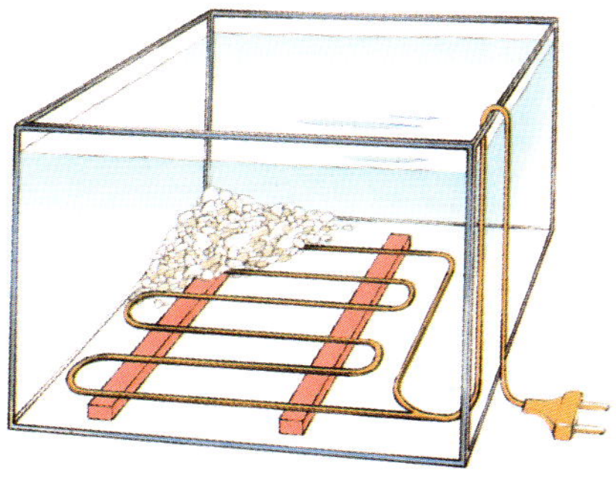

Heizkabel werden schlangenförmig im Bodengrund verlegt.

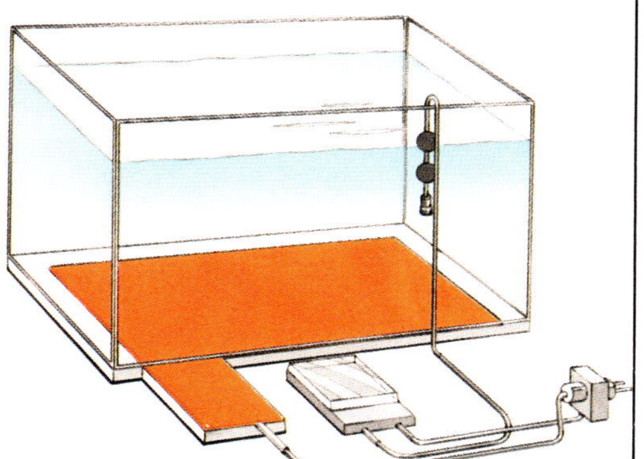

Die Heizmatte wird unter das Aquarium gelegt. Das Wasser wird von unten erwärmt, steigt nach oben und wird dadurch umgewälzt.

Manche mögen's heiß

Die Heizung

Wie bereits erwähnt, stammen die meisten Aquarienfische aus tropischen oder subtropischen Regionen: Logisch, daß diese Warmwasserbewohner nur ungern frieren. Besonders in Herbst und Winter fällt die Zimmertemperatur oft derart, daß die an mollige 25° C gewohnten Tiere eine Gänsehaut bekämen – wenn sie nicht schon Schuppen hätten.

Abhilfe schafft hier eine regulierbare Heizung. Im Gebrauch sind 1. Heizmatten, die unter das Aquarium gelegt werden; 2. Heizkabel, die als Bodenheizung im Aquarium verlegt werden; und 3. der Stabheizer, die gebräuchlichste Art. Bei letzterem handelt es sich im Prinzip um ein überdimensionales Reagenzglas, das von einer elektrisch aufgeheizten Glühspirale erwärmt wird. Ein eingebauter Thermostat sorgt für gleichmäßige Temperatur.

Das Gerät wird einfach mit Saugnäpfen innen am Aquarienglas befestigt. Dabei ist darauf zu achten, daß der Wasserstand die Markierung am Heizstab erreicht, denn andernfalls könnte der Heizstab platzen. Die Fische würden das vielleicht noch verkraften, aber der ins Wasser greifende Aquarianer bekäme einen schmerzhaften elektrischen Schlag. Bei jedem Wasserwechsel muß die Heizung daher abgeschaltet werden.

Heizmatten, die unterhalb des Aquarienbodens montiert werden und Heizkabel mit niedriger Spannung bieten mehrere Vorteile: Kein Strom im Aquarium, Pflanzen haben „warme Füße", und der Bodengrund wird durch aufsteigendes Wasser besser durchlüftet.

Hier sollte man beim Kauf nicht knausern und ein Gerät mit Regelmöglichkeit und dem VDE-Prüfzeichen erwerben. Was die Leistung angeht: Man rechnet mit 0,5 bis 1 Watt pro Liter Aquarieninhalt. Generell muß man die Anleitung des Herstellers beachten.

Wasser marsch!

Das Füllen des Aquariums ist so eine Sache. Würde man das Wasser einfach hineinkippen, sollte man sich nicht wundern, daß alle vorherige Mühe der Bepflanzung und Anordnung umsonst war; der Sand würde aufgewirbelt, die Pflanzen würden ihren Halt verlieren und herumschwimmen, das Wasser würde trübe: Gemüsetopf mit Einlage.

Doch guter Rat ist hier billig. Es hat sich bewährt, Pflanzen und Bodengrund mit einer Plastikfolie oder mit Zeitungspapier abzudecken, um die Wucht des Wasserstrahls zu bremsen. Sand und Pflanzen werden so davor geschützt, aufgeschwemmt und weggespült zu werden.

Beim Füllen mit Wasserbehältern (Gießkanne, Eimer etc.) hält man einfach die Hand unter den Strahl, um die Kraft des Wasser zu brechen. Ein ins Aquarium gestellter Teller erfüllt denselben Zweck. Am sanftesten wird das Aquarium jedoch mit dem dünnen Strahl eines Wasserschlauches gefüllt. Auch hier muß darauf geachtet werden, daß der Untergrund nicht unterspült wird. Und: Dabeibleiben beim Füllen, denn so ein „Überlaufbecken" ist nicht jedermanns Geschmack.

Für unsere Warmwasser-Aquarien empfiehlt es sich, das Wasser in der Temperatur aufzufüllen, die unsere Fische für ihr Wohlbefinden brauchen. Dies hat auch den Vorteil, daß die Pflanzen keinen Kälteschock bekommen. Außerdem kann der Thermostat der Heizung auf die gewünschte Temperatur eingestellt werden (Bedienungsanleitung des Herstellers beachten).

Leitungswasser ist oft durch Schwermetalle belastet. Diese kann man – nachdem das Aquarium gefüllt ist – mit einem guten Wasseraufbereitungsmittel binden. Außer Fischen hat das Aquarium jetzt alles, was dazugehört. Trotzdem müssen sie auf den Einzug in ihr

Einrichtungs-Checkliste

- ○ Das Aquarium mit warmem Wasser und einem festen Schwamm gründlich reinigen.
- ○ Mit Wasser füllen und zwei Tage stehen lassen, damit die Giftstoffe des Klebers gelöst werden. Das Wasser wegschütten.
- ○ Kies (nach Bedarf 1–6 mm Körnung) gut durchspülen.
- ○ Die untere, gewaschene Kiesschicht (etwa ⅔ der Gesamtmenge) mit Bodengrunddünger vermischen. Mit der zweiten Schicht (nach Bedarf auch dunkler Kies) von vorne nach hinten ansteigend auffüllen.
- ○ Das Aquarium mit Steinen (Granit, Gneis, Basalt, u. a. Urgesteine) und Wurzeln (Moorkienholz) dekorieren.
- ○ Aquarium zu einem Drittel mit temperiertem Wasser (25–28° C) füllen.
- ○ Filter, Heizung, Durchlüftung entsprechend den Angaben des Herstellers installieren, jedoch noch nicht ans Stromnetz anschließen.
- ○ Pflanzen einsetzen. Kleine Pflanzen sollten vorne, halbhohe im mittleren, und großwachsende Arten im hinteren Teil des Aquariums oder als Solitärpflanze plaziert werden.
- ○ Temperiertes Wasser (Temperatur je nach Empfehlung) einfüllen. (Zugabe Wasseraufbereitungsmittel und Pflanzendünger nach Angabe des Herstellers).
- ○ Heizung, Filter und Beleuchtung in dieser Reihenfolge an das Stromnetz anschließen.
- ○ Heizungsthermostat und Filter einregulieren.
- ○ Das Aquarium 14 Tage lang „einfahren“ (während dieser Zeit täglich Funktionskontrolle Filter und Heizung), dann die Fische einsetzen.

neues Zuhause noch warten. Denn erst einmal muß das Aquarium ruhen, bis die Pflanzen Halt gefunden und die Wasserverhältnisse sich stabilisiert haben. 14 Tage bis 3 Wochen dauert das in der Regel.

Erst nach Ablauf dieser Frist setzt der verantwortungsbewußte Aquarianer die ersten Fische, am besten Algenfresser, ein. (Der ungeduldige Aquarianer, der die Fische zu früh eingesetzt hat, hätte zu diesem Zeitpunkt eventuell schon die ersten Probleme.)

Also – bitte ein wenig Geduld. Die Fische danken es durch prächtiges Gedeihen.

Zunächst werden Pflanzen und Bodengrund mit einer Folie oder Zeitungspapier abgedeckt.

Mit einem kleinen Gefäß wird vorsichtig Wasser auf den abgedeckten Bodengrund gegossen.

Wenn das Aquarium zu einem Drittel gefüllt ist, entfernt man die Abdeckung.

Nun kann das Aquarium mit einem größeren Gefäß oder Eimer vorsichtig aufgefüllt werden.

Der Guppy – Hansdampf in allen Wassern

Lebendgebärende Zahnkarpfen

Jetzt wird's ernst. Über alle für das Aquarium wichtigen Dinge haben wir gesprochen. Es fehlt eigentlich nur noch die Hauptsache: die Fische. Wie wär's mit Guppys?

Der Guppy (*Poecilia reticulata*), aus der Familie der Lebendgebärenden Zahnkarpfen, ist ein sehr beliebter Aquarienbewohner. Seinen Beinamen „Millionenfisch" trägt er durchaus zu Recht. Und dies nicht nur, weil er von vielen Aquarianern in der ganzen Welt gehalten wird, sondern auch, weil man den ursprünglich nur im Norden Südamerikas beheimateten Fisch, heute sogar in den Gewässern Indiens, Westafrikas und Südeuropas findet.

Der Grund dafür ist, daß der Guppy und seine nächsten Verwandten eine typische und sehr gefragte Eigenschaft haben: Sie halten sich dicht unter der Wasseroberfläche auf und vertilgen mit besonderer Vorliebe Fliegen, Mücken und deren Larven. Unter anderem auch die Larve der Anophelesmücke, der berüchtigten Überträgerin der Malaria.

Ein Verwandter des Guppys, mit dem schönen Namen Kobold- oder Texaskärpfling (*Gambusia affinis*), entwickelt einen besonderen Appetit auf die Larven dieser Mücke, deren Stich die gefährlichen Erreger überträgt. Kein Wunder also, daß man diese Fische in

Die Verbreitungsgebiete der Lebendgebärenden Zahnkarpfen.

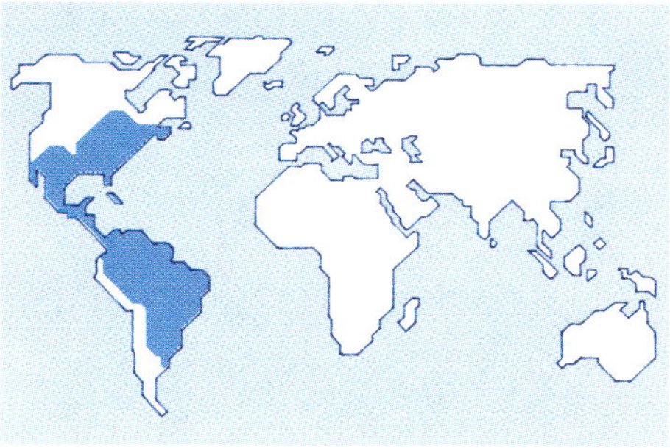

vielen Teilen der Welt, in denen Malaria noch eine gefürchtete Plage darstellt, ausgesetzt hat und dies auch heute noch tut.
Sogar in unseren Breiten wurden schon Guppys gesichtet: im stark verschmutzten Wasser eines deutschen Baches. Vermutlich von einem Aquarianer eingesetzt, konnten sich die zähen kleinen Burschen im warmen Wasser, das von einem Kraftwerk eingeleitet wurde, einen begrenzten Lebensraum erobern. Ein gutes Beispiel für die Anpassungsfähigkeit dieser Fische.

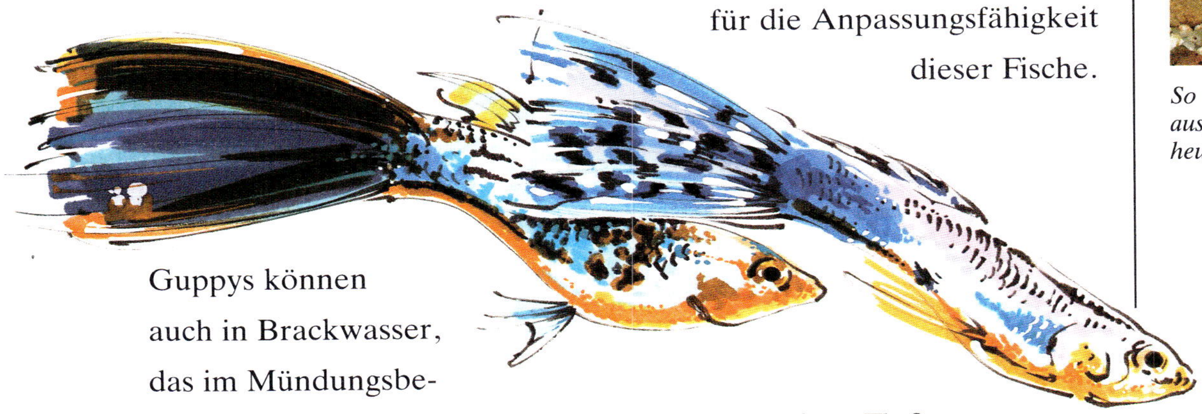

Guppys können auch in Brackwasser, das im Mündungsbereich großer Flüsse durch die Mischung von süßem Fluß- und salzigem Meerwasser entsteht, gut leben. Die hervorragende Anpassungsfähigkeit kommt nicht von ungefähr: Man vermutet, daß der Guppy von Vorfahren abstammt, die vor Jahrmillionen die warmen tropischen Weltmeere durchstreift haben. Dieser widerstandsfähige Fisch hat es demnach seinen Urahnen zu verdanken, daß er auch in unwirtlichen, salzigen Gewässern überleben kann.

Der Guppy im Aquarium

Aufgrund seiner „Nehmerqualitäten“ ist der Guppy bei Neu-Aquarianern sehr beliebt. Doch trotz seiner Anspruchslosigkeit will dieser kleine Bursche – wie jeder andere Fisch auch – sorgfältig gepflegt werden. Wie die meisten Lebendgebärenden Zahnkarpfen benötigt der Guppy im Aquarium mittelhartes Wasser, das im Bereich von 14 bis 18° dH liegt. (Keine Sorge, das sind Wasserwerte, die in unseren Landen recht häufig sind.) Die Wassertemperatur sollte im Bereich von 22 bis 25° C liegen.

So oder ähnlich müssen die Wildguppys ausgesehen haben, die Vorfahren aller heute bekannten Zuchtformen.

Guppy auf Eis

Expeditions-Episode

„Während meiner letzten Reise in Südamerika ist mir etwas höchst merkwürdiges und überraschendes passiert. Ich kam von einer Expedition in das Amazonas-Gebiet, wo ich Piranhas und Diskusfische in ihrem natürlichen Lebensraum beobachtet und gefilmt hatte. Bei dieser Gelegenheit wollte ich auch gleich noch einen „Abstecher“ in die Andenregionen machen, um einige Untersuchungen bei den dortigen Kaltwasserfischen vorzunehmen.
Nach einem furchterregenden Flug in einem abenteuerlichen Flugzeug, das schon längst ausgemustert gehört hätte, landeten wir relativ sicher auf einer Piste bei einem auf 2900 m über dem Meeresspiegel liegenden Andenstädtchen. Es gelang mir, noch am selben Tag einen klapprigen Ford Bronco samt Fahrer zu mieten. Das Gelände stieg permanent an, und bei Einbruch der Nacht hatten wir schon 3300 Höhenmeter erreicht. Unser Nachtlager schlugen wir an einem kleinen Gebirgsbach auf.
Als ich am nächsten Morgen zu dem Bach pilgerte, um mich zu waschen, fand ich dort zu meinem Erstaunen einen toten Fisch. Erstaunt war ich aus zweierlei Gründen: Zum einen hatte ich in diesem eisigkalten Gewässer keinen Fisch vermutet und zum anderen schon gar nicht diesen: einen Guppy.
Ich ließ sofort packen, und schon kurz darauf quälten wir unseren Wagen über Stock und Stein der Quelle des Baches entgegen. Von Zeit zu Zeit hielten wir an, um das Wasser nach Fischen zu untersuchen, aber nichts war zu finden. Mir kamen schon Zweifel, denn bei der Kälte, die in diesen Höhen nachts herrscht, und bei der Kälte des Bachwassers konnten hier unmöglich Guppys überleben.

So, das Wasser stimmt jetzt. Nun suchen wir uns noch die richtigen Pflanzen für unseren Guppy aus. Guppys fühlen sich in der Umgebung feinfiedriger Pflanzen besonders wohl. Sehr gut eignet sich auch Javamoos und der Schwimmende Wasserhornfarn, die den Jungfischen ideale Versteckplätze bieten.
Wichtig ist, daß wir gesunde Pflanzen – zu erkennen an ihrer frischgrünen Farbe – einkaufen. Die Wurzeln dürfen weder schwarze noch glasige Stellen aufweisen, sondern sollten weiß sein. Die Pflanzen werden in gut gewaschenen Kies mit einer Körnung von ca. 3 bis 5 mm eingepflanzt. Wenn man dann noch ein paar große Kieselsteine und eine Moorkienwurzel einlegt, ist das Aquarium auf die Bedürfnisse der Guppys bestens vorbereitet.
Bevor man nun die Guppys einkauft, bitte daran denken, daß es etwa 14 Tage dauert bis sie im Aquarium gute Lebensbedingungen vorfinden. Nach dieser Wartezeit kann es endlich losgehen: Die Fische können in das Aquarium gesetzt werden. Nun ist der Guppy zwar recht anpassungsfähig; trotzdem sollte man ihm Gelegenheit geben, sich langsam an das neue Wasser im Aquarium zu gewöhnen. Deshalb gießt man zunächst den Inhalt des Transportbeutels in einen sauberen Behälter. Danach gibt man langsam Wasser aus dem Aquarium hinzu, bis sich die Wassermenge verdoppelt hat. Jetzt fängt man die Fische – unmittelbar am Aquarium – mit einem weichen Netz heraus und setzt sie vorsichtig in das Aquarium.
Nach dieser Methode werden übrigens alle anderen Fische umgewöhnt, bevor sie in das Aquarium eingesetzt werden.

Typisch Guppy

Der Fisch, den wir so vertraulich „Guppy“ nennen, trägt den wissenschaftlichen Namen *„Poecilia reticulata“* und hat damit einen griechischen Vor- und einen lateinischen Nachnamen: *„Poikila“* ist das griechische Wort für „Buntheit“, womit die Farbigkeit des Fisches gemeint ist. „*Reticulata*“ bedeutet soviel wie „genetzt“ oder „netzförmig“ und bezieht sich auf die Körperschuppung.

Dieser „genetzte Buntling“ ist ein überaus friedfertiger, ruhiger und geselliger Aquarienbewohner. Außer seinem Futter, genießt er nichts so sehr wie das gesellige Herumschwimmen mit seinen Artgenossen. Manchmal jedoch beobachtet der Aquarianer ein äußerst befremdliches Verhalten an seinen Guppys. Kein Grund zur Beunruhigung – es ist nur das natürliche Balzverhalten, die Brautwerbung des Guppys.

Das Balzverhalten der Fische gehört zu den interessantesten Beobachtungsaufgaben der Verhaltensforscher. Es ist nicht erlernt, sondern den Tieren durch Vererbung in die Wiege gelegt. Der Guppy weiß also ganz genau, wie er sich zu verhalten hat, wenn er seine „große Liebe“ trifft.

Wie kann man das Männchen vom Weibchen unterscheiden? Ganz einfach: Die hübscheren sind die Männchen und die größeren, unscheinbaren die Weibchen. Bei uns Menschen ist das meist umgekehrt ... Außerdem besitzt das Guppy-Männchen, wie alle männlichen Tiere aus der Familie der Lebendgebärenden Zahnkarpfen, eine zum Geschlechtsorgan umgewandelte Afterflosse, das Gonopodium.

Das Gelände stieg weiter an, und vereinzelt waren schon Schneereste zu sehen, als wir endlich auf die gesuchte Stelle stießen: ein – vermutlich durch Vulkanismus erwärmtes – Warmwasserbecken, das durch den Durchfluß eines kleinen Bergbaches auf etwa 25° C temperiert wurde. Wir fanden in dem kristallklaren Teich mit einem Durchmesser von etwa 15 m bei einer maximalen Wassertiefe von ca. 2,5 m eine größere Anzahl stattlicher Guppys.
Ich habe lange gerätselt, wie sie hier in die Bergeinöde der Anden gekommen sein könnten. Ich kann mir nur vorstellen, daß irgendein Forscher-Kollege hier ein Experiment durchgeführt hat. Auf jeden Fall schienen die Guppys mit ihrer ungewohnten Umgebung prächtig zurechtzukommen.“

Der Tanz beginnt

Der Hochzeitstanz der Guppys beginnt, wenn das Männchen von hinten an das Weibchen heranschwimmt und es zärtlich an den Bauch stupst. Das Männchen schwimmt nun vor das Weibchen und versperrt ihm den Weg. Jetzt gibt der Guppy ein wenig an: Er führt dem Weibchen vor, wie gelenkig er ist und krümmt seinen Körper wie ein „S“.

Zum Fressen gern ...

Der Guppy – ein Kannibale?

Auf den ersten Blick erscheint es ziemlich unsinnig, daß die Guppys so viele Junge bekommen, die sie dann gleich fressen. Aber in der Natur haben alle Dinge einen Sinn. Wir Menschen können nur oft die Gründe nicht erkennen, weil wir unsere eigenen Maßstäbe von richtig und falsch, gut und böse anlegen.
In der freien Natur gehören Fischeier und -brut in Zeiten, in denen nur wenig anderes Futter vorhanden ist, häufig zur Haupternährung der Fische. Außerdem wäre der Lebensraum oft viel zu eng, wenn alle Jungfische groß würden. Aquarianer haben die Erfahrung gemacht, daß die Jungfische in kleinen, dicht besetzten Becken ihren Eltern und den anderen Mitbewohnern eher zum Opfer fallen als in großen, weniger bevölkerten. Die hohe Kinderzahl des Guppys dient somit der Arterhaltung.
Noch ein weiterer Faktor entscheidet, ob die kleinen Fische ihre ersten Stunden überleben: In welcher Gesellschaft die Jungen zur Welt kommen. Denn: Stürzen sich in einem Gemeinschaftsbecken alle anderen Fische auf die jungen Guppys, entwickelt auch eine vorher friedliche Guppy-Mutter kannibalische Züge. Die eigentlichen Auslöser für dieses Verhalten der Fische sind jedoch noch nicht eindeutig geklärt, und auch wir können nur Vermutungen anstellen.
Jeder ist also aufgerufen, seine eigenen Erfahrungen und Beobachtungen zu machen und damit zur Auflösung dieses Rätsels beizutragen.

In der Hoffnung, daß seine Verführungskünste gewirkt haben, schwenkt der Guppy aus dem Schwarm aus. Folgt ihm das Weibchen nicht, muß er nochmals seinen Charme spielen lassen.
Hat seine Methode Erfolg gehabt, stellt er sich dem Weibchen in den Weg und spreizt die Flossen. Auf seiner Brust wird jetzt ein dunkler Fleck sichtbar, der auf das Weibchen wie eine Verkehrsampel wirkt: „Stopp!“
Das Männchen schwimmt nun unter das geduldig verharrende Weibchen und befruchtet es mit seinem Samen. Jetzt heißt es einen Monat warten, bis die lebenden Jungen auf die Welt kommen.
Übrigens: Ein trächtiges Weibchen erkennt man an dem größeren Körperumfang und an dem Trächtigkeitsfleck, der durch die Augen der Jungfische, die durch die Bauchhöhle schimmern, hervorgerufen wird.

Happy Birthday

Vorausgesetzt, die Temperatur stimmt, die Fische sind gesund, und alles, was wir bisher angesprochen haben, wurde genau beachtet, wimmelt eines Tages das Aquarium von lauter jungen Guppys. Der Aquarianer ist entzückt. 20 bis 60 Junge sind die Regel, 100 die Ausnahme. Pro Guppy-Pärchen, versteht sich!
Die Kleinen werden lebend geboren und müssen gleich damit beginnen, um ihr Leben zu kämpfen. Ihre Erzeuger gebärden sich nämlich oft nicht gerade väter- oder mütterlich und sehen ihren Nachwuchs als willkommenes Lebendfutter an (siehe Zuchttabelle S. 163).
Nachdem sie sicheren Abstand von ihren Eltern gewonnen haben, steht ihnen noch eine Reise an die Wasseroberfläche bevor: Sie müssen sich dort eine Luftblase einfangen, um ihre Schwimmblase zu füllen.

Diese Schwimmblase gibt dem Fischchen Auftrieb, und nur so kann es schwimmen. Die Jungfische, die es nicht schaffen, an die Oberfläche zu schwimmen, nennt man daher auch bezeichnenderweise „Bauchrutscher“. Richtig schwimmen lernen sie nie.

Jetzt bewähren sich auch die Aquarienpflanzen: Ihr Blätterwerk bietet den Jung-Guppys Gelegenheit, sich vor hungrigen Mitbewohnern des Aquariums zu verstecken.

Kaum ein anderer Fisch wird so gern und in so vielen Formen gezüchtet. Auf der ganzen Welt existieren Guppy-Züchtervereinigungen, und regelmäßig werden Ausstellungen und Bewertungen der einzelnen Zucht- und Farbformen durchgeführt.

Auch für den Anfänger schafft die Zucht neuer Guppy-Generationen keine größeren Probleme. Also – auf geht’s!

Einige Standard-Zuchtformen des Guppy:

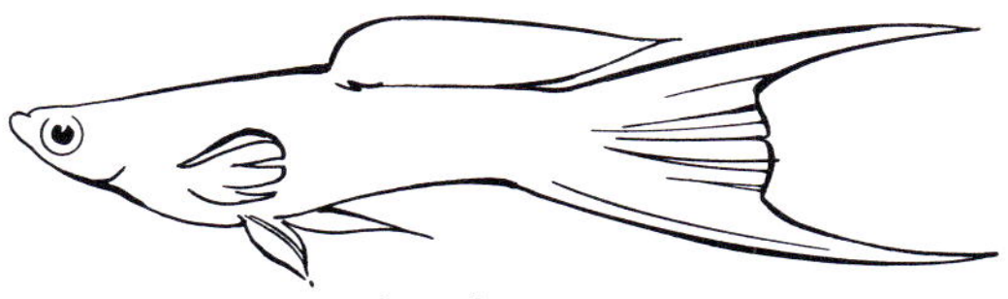

Leierschwanz

Rundschwanz

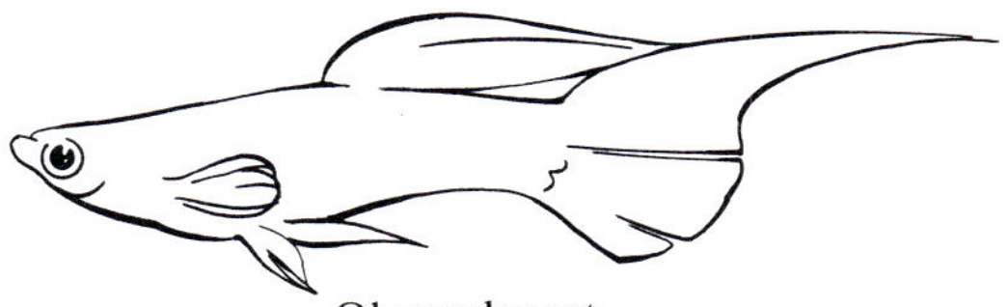

Obenschwert

Schleierschwanz

Doppelschwert

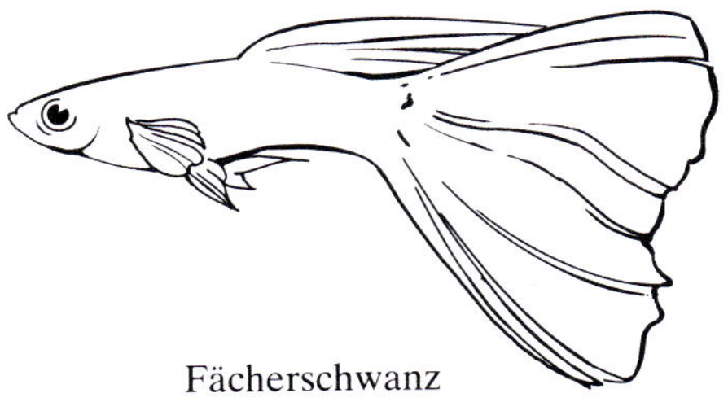

Fächerschwanz

Der Tip des Hobby-Aquarianers

Mit einem einfachen Trick kann man seine jungen Guppys über die ersten Runden retten: Man hängt einen Ablaichkasten ins Aquarium, in den das trächtige Guppyweibchen gesetzt wird. Nachdem die Jungen alle abgesetzt sind, wird das Weibchen aus dem Ablaichbecken herausgefangen und die Jungguppys mit Mikrofutter großgezogen.

Nach einigen Tagen verlieren die ausgewachsenen Fische oft das Interesse, da sie sich mittlerweile an den Anblick der wimmelnden Brut gewöhnt haben. Nach 10 bis 14 Tagen sind die Jungen so groß, daß sie von den übrigen Fischen im Aquarium meistens verschont bleiben.

Feuchtfröhliche Gesellschaft

So mancher, der sich den Guppy anfangs nur wegen seiner problemlosen Haltung als „Erstlingsfisch" ins Haus geholt hat, ist heute engagierter Guppy-Fan und Mitglied z. B. in der Deutschen Guppy-Föderation (DGF).

Wer sich nun nicht alleine zum Guppy-Spezialisten entwickeln möchte und gern noch ein paar andere Fische im Aquarium hätte – bitte sehr, kein Problem. Der Guppy ist nämlich ein friedfertiger Bursche, der sich gut mit anderen Fischen versteht. Diese sollten jedoch ähnliche Ansprüche an die Lebensbedingungen im Aquarium stellen, wie es der Guppy tut.

Da wäre zuerst einmal der Black Molly, ein naher Verwandter des Guppys, zu erwähnen, offizieller Name *Poecilia sphenops*.

Der Leierschwanz-Molly, eine Zuchtform des Black Molly, zeichnet sich durch seine bizarr geschwungene Schwanzflosse aus.

Auch der Schwertträger (*Xiphophorus helleri*) kommt mit dem

Auch vom Roten Schwertträger gibt es eine Leierschwanz-Variante, die besonders langausgezogene Flossen besitzt.

Guppy bestens zurecht, denn er ist nicht so kriegerisch, wie sein Name vielleicht vermuten ließe. Sein „Schwert" ist lediglich der langgezogene, untere Teil der Schwanzflosse.

Der Platy (*Xiphophorus maculatus*) ist ebenfalls gern bereit, seinen Lebensraum mit dem Guppy zu teilen. Männchen und Weibchen sind bei diesem Fisch durch die unterschiedliche Form der Bauchflosse zu unterscheiden.

Und dann gibt es noch den Segelkärpfling (*Poecilia velifera*); auch ihn findet man oft in der Gesellschaft von Guppys.

Gerade mit diesen vier genannten Arten kommt der Guppy besonders gut aus, denn es handelt sich um seine nächsten Verwandten. Der ganze Familienclan trägt den Namen „Lebendgebärende Zahnkarpfen“. Sie alle haben ähnliche Bedürfnisse und Eßgewohnheiten und stellen daher keinerlei zusätzliche Anforderungen an den Aquarianer.

Korallenplaty, oben Männchen, unten Weibchen

Albinozuchtform des Segelkärpflings, links Männchen

Die Fische

1.2 Segelkärpflinge (1)
Poecilia velifera
2.2 Lyratail-Molly (2)
Poecilia sphenops Zuchtform
2.2 Korallen-Platy (3)
Xiphophorus maculatus
2.4 Pracht-Guppy (4)
Poecilia reticulata
2 Skalare (5)
Pterophyllum scalare
4 Leopard-Panzerwelse (6)
Corydoras julii
1 Blauer Antennenwels (7)
Ancistrus dolichopterus

Die Pflanzen

3 Herzblättrige Wasserwegerich (A)
Echinodorus cordifolius
10 Thailändischer Wasserfreund (B)
Hygrophila stricta
6 Riesenambulien (C)
Limnophila aquatica
10 Seegrasblättriges Trugkölbchen (D)
Heteranthera zosterifolia
20 Zwergpfeilkräuter (E)
Sagitaria subulata f. pusilla
4 Schwimmender Wasserhornfarn (F)
Ceratophteris pteridioides
Javamoos
Vesicularia dubyana

Aquarium für Lebendgebärende Zahnkarpfen

Die Geduld und langjährige erfolgreiche Arbeit der Züchter beschert uns heute eine Vielzahl Farben und Formen bei Guppys, Platys, Black Mollys und Schwertträgern. Bei den meisten Arten tragen die Männchen herrliche Färbungen. Die Weibchen sind etwas schmuckloser, dafür aber meist ein ganzes Stück größer. Dieser leicht zu erkennende Unterschied (die Biologen nennen dies Geschlechtsdimorphismus) ermöglicht auch dem Neuling, das interessante Balzverhalten der Lebendgebärenden Zahnkarpfen zu beobachten und bald zu verstehen. Der für den Beobachter aufregendste Augenblick ist die Geburt des Nachwuchses. Die

Fähigkeit, lebende Junge zu bekommen hat daher diesen Zahnkarpfen den Beinamen „Lebendgebärend" eingebracht.

Als Gesellschaft für die quicklebendigen Zahnkarpfen werden etwas gemütlichere Welse vorgeschlagen. Sie halten sich meist am Aquariengrund auf und suchen dort den Boden nach Nahrungsresten ab. Die Panzerwelse flitzen ab und zu an die Wasseroberfläche, um dort ein Maul voll Luft zu schnappen. Die Antennenwelse erkennt man leicht an ihrem geweihartig verzweigten Kopfschmuck. Mit ihrem Saugmaul heften sie sich an Pflanzen, Scheiben und Dekoration fest und raspeln dort fleißig den Algenbelag ab.

Das Aquarium

80 × 35 × 40 cm (112 Liter)

Die Dekoration

Mehrere große Serpentin- oder Basaltsteine, Lochgestein, Moorkienwurzeln.

Die Technik

Luftbetriebener Schaumstoffilter; Beleuchtung mit 2 Leuchstoffröhren; CO_2-Düngung; geregelte Heizung (80–125 Watt).

Die Wasserwerte

Temperatur:	25–27° Celsius
ph-Wert:	7–7.5
GH:	8–15° dH

Die Welse gehören zu den skurrilsten und unheimlichsten Fischen, denen der Aquarianer begegnen kann. Doch trotz ihres grimmigen Aussehens sind viele von ihnen ganz friedfertige und harmlose Burschen. Ihrer Haut wissen sie sich allerdings zu wehren. So gibt es Arten, die mit giftigen Dornen aufwarten; andere „Haudegen" sind mit regelrechten Ritterrüstungen aus verknöcherten Schuppen ausstaffiert und heißen daher auch ganz treffend „Panzerwelse". Es gibt sogar Welse, die ihre Gegner mit Stromstößen verjagen.

So unterschiedlich wie ihre Bewaffnung ist auch ihr Erscheinungsbild. Nur eines haben alle Welse gemeinsam, und daran kann sie der Kenner sofort identifizieren: die Barteln, fadenförmige Hautauswüchse, die in unterschiedlicher Anzahl und Länge rund um das Maul des Fisches wachsen. Diese Barteln können durchaus so lang sein wie der ganze Fisch, und manchmal erreichen sie sogar ein Vielfaches der Körperlänge. Nicht immer sind diese Barteln faden-

Finstere Gesellen und

förmig. Es gibt auch zottige und geweihartige Auswüchse, und mancher Wels trägt voller Stolz einen urigen Backenbart. Die Barteln – empfindliche, mit Geschmacks- und Tastnerven ausgestattete Sinnesorgane – dienen als „Nase“ und Orientierungshilfe. Mit ihnen spüren die Welse Nahrung auf und finden sich in ihrer Umgebung zurecht.

Aber Welse haben noch mehr Eigentümlichkeiten zu bieten: Manche Arten sind schwimmende Brutkammern. Die Männchen des Kreuzwelses (*Hexamenatichthys berneyi*) z. B. nehmen die Eier ins Maul und brüten sie im Laufe eines Monats aus. Auch danach hat der geplagte Familienvater nichts zu sagen. Noch für weitere 2 Wochen muß er „die Klappe halten“, bis die Jungtiere ins freie Wasser entlassen werden können.

Staubsauger im Aquarium – Welse

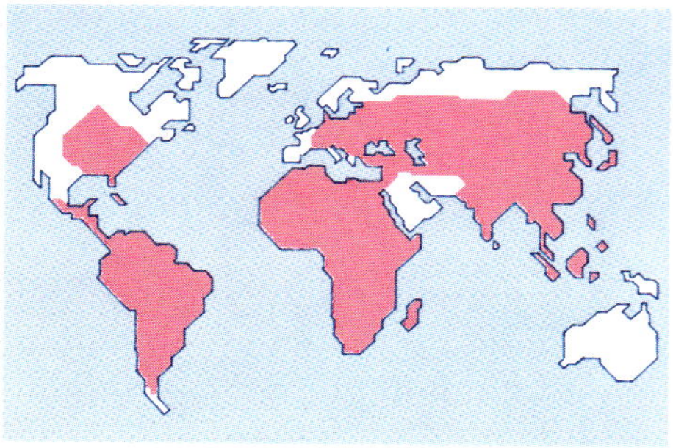

Die Verbreitungsgebiete der Welse

Der Fiederbartwels (*Synodontis multipunctatus*) legt seine Eier wie der Kuckuck in fremde Nester; z. B. in die Gelege der maulbrütenden Buntbarsche, die dann die Welseier in ihrem Maul ausbrüten.

Praktisch ist auch die Körperform der Welse. Da sie meist am Boden „herumschnüffeln", hat sie die Natur mit einer flachen Unterseite ausgestattet. Welse, die in Gewässern mit starker Strömung beheimatet sind, haben obendrein noch eine flache Oberseite, wegen der Aerodynamik oder besser gesagt der Aquadynamik.

Ob Pfütze oder See – für den Wels ist alles o. k.

Vertreter der Welse findet man (fast) überall, wo es Süßwasser gibt, und einige besonders mutige – wie beispielsweise der Korallenwels – haben sich sogar ins Salzwasser der Weltmeere vorgewagt.

Man findet Welse in den unterschiedlichsten Gewässern: In großen Flüssen tummeln sie sich ebenso wie in Seen, Teichen, Tümpeln, Sümpfen oder in kleinen Wassergräben und Rinnsalen. Eines muß ihnen der Neid lassen: anpassungsfähig sind sie. In reißenden Gebirgsflüssen heften sich einige Arten mit ihrem Saugmaul an Steine; in sauerstoffarmen Pfützen behelfen sie sich mit einem zusätzlichen Atemorgan, das es ihnen sogar ermöglicht, auf der Suche nach neuen Ufern über Land zu wandern.

Sieht man von den frei schwimmenden Arten einmal ab, lieben Welse als lichtscheues Völkchen lauschige Unterstände unter Steinen, Wurzeln, Uferböschungen und Pflanzen; viele von ihnen sind Nachttiere. Dieses natürliche Verhalten zeigen sie meist auch im Aquarium. Von ihren „Raubritterburgen" aus unternehmen sie des Nachts ihre Beutezüge und ziehen sich sofort wieder dorthin zurück, wenn Gegner im Anmarsch sind, denen sie sich nicht gewachsen fühlen. Dämmerungs- und nachtaktive Welse geben ihr lichtscheues Verhalten häufig im Aquarium auf, und zeigen sich auch am Tage dem Auge des Betrachters, selbstverständlich ganz besonders zur Fütterungszeit.

Eigentlich schade, daß sich Welse im Aquarium nicht zu verstecken brauchen, denn in ihren Fluchtburgen nehmen sie die kuriosesten Stellungen ein. Oft hängen sie mit dem Rücken nach unten an der Höhlendecke. Beim Rückenschwimmenden Kongowels (*Synodontis nigriventris*) aus der Familie der Fiederbartwelse ist das sogar der Dauerzustand: Er schwimmt mit dem Rücken nach unten und kann so bequem seine Nahrung, hauptsächlich die Larven der Stechmücke, von der Wasseroberfläche nehmen.

Da er die meiste Zeit mit dem Bauch nach oben schwimmt, hat ihn die Natur mit einer dunklen Bauch- und einer hellen Oberseite ausgestattet (normalerweise ist dies umgekehrt). Diese Helligkeitsverteilung dient dem Fisch zur Tarnung: Schwimmt oder fliegt ein Gegner über ihn hinweg, hebt sich die dunkle Fläche nur wenig vom ebenfalls dunklen Untergrund ab. Die hellere Unterseite wiederum ist gegen das von oben kommende Licht nur schwer zu erkennen und schützt damit vor Freßfeinden, die unter ihm herschwimmen.

Im Aquarium lassen sich diese scheuen Gesellen aber nur dann blicken, wenn man vier oder fünf von ihnen zusammen hält. Ein einzelner Kongowels hält sich meist versteckt – z. B. hinter dem Heizstab des Aquariums – und zeigt sich nur zur Fütterungszeit.

Einige Welse sind chronische Eigenbrötler, die nur, wenn die Liebe sie überfällt, zur Laichzeit also, die Gesellschaft von Artgenossen suchen. Andere Welse, wie beispielsweise die Schwielen- und Panzerwelse, ziehen das Leben in Wohngemeinschaften vor. Vor allem die

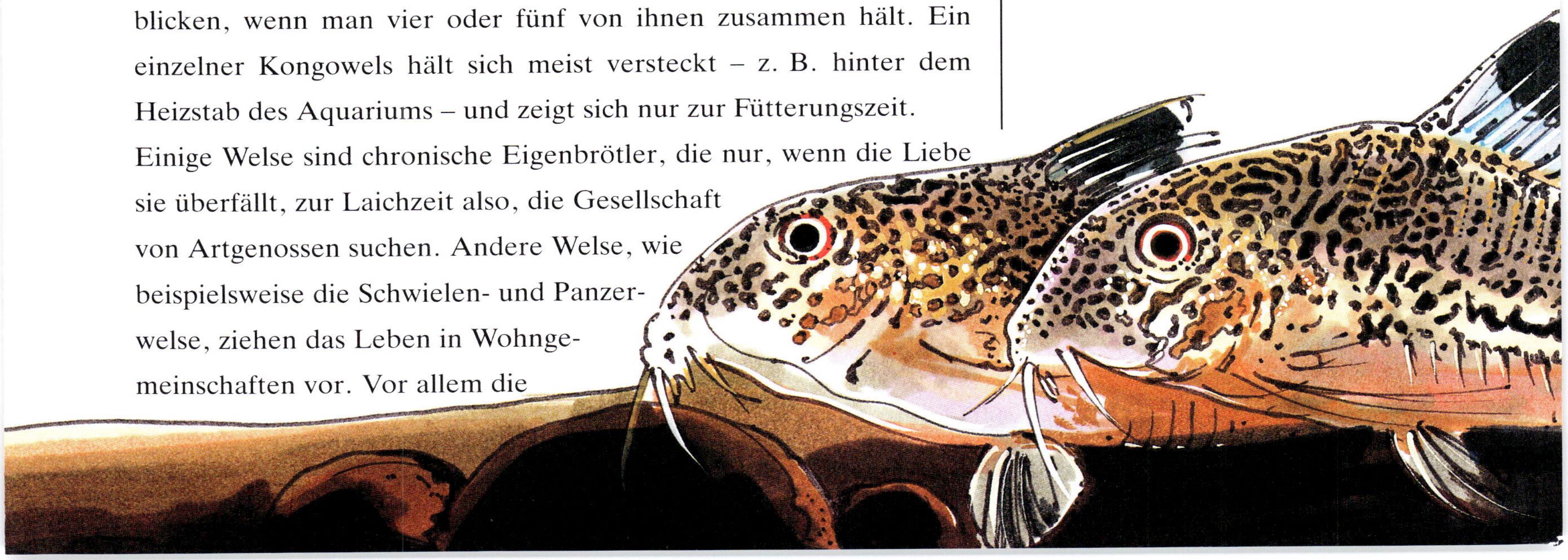

Der Glaswels wirkt wie seine eigene Röntgenaufnahme, so zart und transparent ist sein Körper.

Dicht an dicht bauen die Welse ihre Höhlen im schlammigen Uferbereich, wie hier bei Niedrigwasser in Peru fotografiert.

„halbstarken" Vertreter dieser Gattung lieben es, in Trupps die Gegend unsicher zu machen. Tagwelse, wie der strömungs- und lichtliebende Glaswels (*Kryptopterus bicirrhis*), bleiben ihr Leben lang gern in Gesellschaft. Ihren Namen tragen die Glaswelse durchaus zu Recht: Ihr zarter Körper ist so durchsichtig, daß man ihre Gräten zählen kann.

Schrubb, schrubb, jetzt kommt der Reinigungstrupp

Wer sich beim Lesen der Überschrift gefragt hat, was Welse mit einem Staubsauger gemeinsam haben: Hier ist die Lösung des Rätsels. Gemeint sind die Lieblingswelse aller Aquarianer, die Panzerwelse aus der Gattung *Corydoras,* was zu deutsch so viel wie „lanzenbewehrter Helmträger" heißt.

Sie sind in der Tat gerngesehene Aquarienbewohner. Zum einen aus rein praktischen Gründen: Nichts macht dieser Panzerwels lieber, als über den Aquarienboden zu huschen und Nahrungsreste aufzustöbern, die den anderen Fischen entgangen sind – Nahrungsreste, die sich ansonsten zersetzen und das Wasser belasten würden. Darüber hinaus sorgt er auch für Unterhaltung: Da Panzerwelse stets mit flinken Äuglein auf der Suche nach verborgenen Schätzen emsig unterwegs sind, gibt's für den Aquarianer auch etwas zu sehen.

Zum anderen ist es die Friedfertigkeit dieser nützlichen Burschen, die sie zu idealen Partnern für andere Aquarienbewohner machen.

Die eigentliche Heimat dieser Fische sind das nördliche und mittlere Süd- sowie Mittelamerika. Dort findet man sie in mäßig strömenden und in stehenden, in der Regel stark verschlammten Gewässern, in denen Sauerstoff meist knapp ist. Aber die Natur sorgt für solche Fälle ja bekanntlich vor: Den Panzerwels hat sie mit der Fähigkeit versehen, zusätzlichen Sauerstoff aufzunehmen. Manchmal schießt ein ganzer Schwarm wie der Blitz an die Oberfläche, um im wahrsten Sinne des Wortes „ein Maul voll" Luft zu schnappen. Diese gelangt in den Enddarm, wo der Sauerstoff – ebenso wie Nahrungssubstanzen – durch die Darmwände in die Gefäße des stark durchbluteten Gewebes gelangt und in den Körper transportiert wird.

Weich statt hart – ganz nach der Welse Art

Ein häufiger Irrtum unter Aquarianern ist die Annahme, Welse seien völlig anspruchslos. Ganz so liegen die Dinge aber nicht. Auch sie benötigen zum Überleben und für ihr Wohlergehen ganz bestimmte Bedingungen.

So legen beispielsweise Panzerwelse nicht den geringsten Wert darauf, ihre Arbeit als „Müllmänner" allein zu verrichten. Für die Unterstützung durch Kollegen – sprich: Gesellschaft – sind sie äußerst dankbar. Geeignet sind z. B. Zwergcichliden und kleinere Karpfenfische, mit denen Welse bestens klarkommen.

Außerdem muß für günstige „Arbeitsbedingungen" gesorgt werden, denn auch damit nimmt's der Wels genau. Wichtig ist daher die richtige Beschaffenheit des Bodengrundes. Auf keinen Fall darf grobes, scharfkantiges Material wie Lavabruch, scharfe Steine, harter Kies u. ä. verwendet werden. Bei seiner Wühlarbeit auf dem Aquariengrund könnte sich der Wels sonst leicht seine empfindlichen Barteln verletzen. Oft wäre ein schmerzhafter Pilzbefall die Folge, der sogar zum Verlust dieser wichtigen Sinnesorgane führen kann. Viel besser geeignet sind feiner Kies und weicher Sand (kein Vogelsand) – sonst streikt die Müllabfuhr. (Es empfiehlt sich, diese Sandfläche im Aquarienvordergrund anzulegen, da sich die Fische so viel besser beobachten lassen.)

Zum Wohlergehen der Welse trägt auch die Schaffung von Unter-

Fisch will schwimmen

Bisher sind der Wissenschaft über 30000 Fischarten bekannt – mehr als alle Wirbeltierarten zusammengenommen. Fische haben alle Gewässer unserer Erde erobert und sich dabei den unterschiedlichsten Lebensbedingungen angepaßt. Sie existieren in der Tiefsee ebenso wie in flachen Tümpeln, heißen Quellen und kalten Gebirgsbächen; viele kommen sogar völlig ohne Licht aus. Die Fische können sich deshalb so erfolgreich unter Wasser behaupten, weil sie sich an die dort vorgefundenen Verhältnisse optimal anpassen konnten. Eine wesentliche Voraussetzung dafür ist die Fähigkeit zum Schwimmen. Der Anblick von schwimmenden Fischen ist für uns so selbstverständlich, daß man sich nur selten die Frage stellt, wie sie dies eigentlich bewerkstelligen.
Da ist zunächst das Problem des Auftriebs zu bewältigen. Gegenstände, deren spezifisches Gewicht höher als das des Wassers liegt, gehen im feuchten Element unter. Die meisten Lebewesen sind schwerer, auch unsere Freunde, die Fische. Manche unter ihnen ignorieren dieses Problem einfach, indem sie sich ausschließlich am Grund des Gewässers aufhalten. Was machen aber die in den oberen Etagen, im freien Wasser?
Der Hai beispielsweise nutzt seine weit abstehenden Brustflossen als Tragflächen und erzeugt so den nötigen Auftrieb – was den Nachteil hat, daß er ständig in Bewegung sein muß, wenn er nicht „zu Boden gehen" will. Der arme Kerl muß daher selbst im Schlaf umherschwimmen.
Praktischere Lösungen weisen Fische auf, die eine vergrößerte Leber haben: Deutlich leichter als Wasser, verschafft sie gehörig Auftrieb.
Das Nonplusultra ist jedoch die

ständen und Höhlen aus Stein, Wurzeln oder halbierten gut gewässerten Kokosnußschalen bei. Ein schützendes Blätterdach wird ebenfalls als Wohltat empfunden. Bestens geeignet sind Knollenpflanzen oder Pflanzen mit starken Wurzeln (*Echinodorus, Cryptocorynen, Aponogeton*), die der unermüdlichen Wühlerei widerstehen und nicht ausgegraben werden.

Manche Aquarianer meinen, die fleißige Wels-Mannschaft würde ihre „Dreckarbeit" zum Nulltarif erledigen. Mitnichten! Als „Trinkgeld" sollte man ihnen hin und wieder – als Ergänzung zum normalen Speiseplan – einen Extrahappen, z. B. Spezialfuttertabletten – anbieten.

Mit dem Wasser ist das auch so eine Sache: Manche Welse mögen's heiß, andere nicht. Unter den Panzerwelsen gibt es allein schon 70 verschiedene Arten, die alle recht unterschiedliche Erwartungen an die Wassertemperatur stellen.

Der Metallpanzerwels (*Corydoras aeneus*) und der Marmorierte Panzerwels (*Corydoras paleatus*) sind z. B. richtig abgehärtete Sportsfreunde, die sich bei uns sogar im Gartenteich wohl fühlen. Der Leopard-Panzerwels (*Corydoras julii*) würde dort eine Gänsehaut bekommen; er braucht wie die meisten seiner Artgenossen reichliche 25 bis 26° C, um sich in seinem Element zu fühlen.

Unsere Panzerwelse sind ziemlich zutrauliche Vertreter ihrer Gattung; trotzdem sollte man für einige Versteckmöglichkeiten unter Steinen oder Moorkienholz sorgen. Die Tatsache, daß sie nur kurz an die Wasseroberfläche flitzen, um gleich darauf wieder im Untergrund zu verschwinden, läßt den Schluß zu, daß sie sich auf ihrem Weg nach oben vor Feinden fürchten. Kein Wunder bei der gefährlichen Umgebung, in der sie aufgewachsen sind. Dort kann es sich der Panzerwels nicht leisten, bei dem Weg an die Wasseroberfläche seinen ungepanzerten und somit ungeschützten Bauch freizugeben. Außerdem sind diese Tiere relativ schwer und besitzen keine

Schwimmblase. Sie müssen daher allein durch Muskelkraft nach oben kommen, und das geht mit einem Schnellstart am besten. Das Aquarium sollte daher auch nicht zu hoch sein, um die Kräfte unserer kleinen Freunde zu schonen.

Schwimmende Rasenmäher

So unbeliebt die Algen beim Aquarianer sind, so beliebt sind sie bei manchen Fischen. Harnischwelse (Familie *Loricariidae*) beispielsweise können sich kaum etwas Schöneres vorstellen, als einen saftig grünen Algenrasen abzuweiden. Einen Schönheitspreis werden diese bizarren „Monster" mit der etwas unbeholfenen Schwimmweise wohl nie gewinnen können; wenn es aber um die Meisterschaft im Algenvertilgen geht, ist ihnen ein Platz auf dem Siegertreppchen sicher.

Aber: In der Natur geht Zweckmäßigkeit vor Schönheit und zweckmäßig ist die „Figur" der Harnischwelse allemal: Die Stromlinienform ihres entweder flachen oder spindelförmigen Körpers sorgt dafür, daß sie von der Wasserströmung gegen den Boden gedrückt werden. Sehr auffallend sind die auch im Verhältnis zum Körper überproportional stark entwickelten Flossen. „Lange Arme" sind nun mal besonders gefragt, wenn es gilt, in der starken Strömung zu schwimmen. Die Form ihres unterständigen, einer Saugscheibe nicht unähnlichen Mauls erleichtert den Harnischwelsen das Leben in wild sprudelnden Gewässern wesentlich: Wie mit einem Saugnapf heften sie sich an Steinen fest und bringen dabei das Kunststück fertig, gleichzeitig noch Algen abzuraspeln. Das macht ihnen so schnell keiner nach.

Beobachtet man die etwas unbeholfenen Schwimmbewegungen dieser Welse, fragt man sich, warum sie nicht so elegant durchs Wasser ziehen wie andere Fische. Nun, man kann sich leicht vor-

Ein wissenschaftlich nicht genau eingeordneter (spezifizierter) Panzerwels.

luftgefüllte Schwimmblase der Knochenfische. Diese Fische können das Volumen ihres Auftriebskörpers beliebig verändern und dadurch – ganz nach Bedarf – aufsteigen oder absinken. Für die Auf- und Abwärtsbewegungen ist damit gesorgt.
Das Problem der Fortbewegung haben die Fische durch einen extrem strömungsgünstigen, flexiblen Körper gelöst, an dem seitlich starke Muskeln sitzen, die den noch zusätzlich abgeflachten Leib mit schlängelnden Bewegungen durch das Wasser treiben. Überhaupt sind die Fische Vorbild für so manche technische Lösung gewesen; nicht umsonst ähneln die Formen von U-Booten und Torpedos verblüffend denen der Fische. Die strömungsgünstigste Form, die Torpedoform, bietet den geringsten Widerstand, und verhindert die Bildung von Rand- und Rückenwirbeln in der umgebenden Strömung.
Durch das seitliche Schlagen der Schwanzflosse bewegt sich der Fisch gegen den Wasserwiderstand nach vorn. Das Wasser kann – Trägheit der Masse – nicht so schnell ausweichen und gibt dem Fisch damit die Möglichkeit, voranzukommen.

Die Barteln des Engel-Antennenwelses sind zu langen Fäden ausgezogen, die wie Antennen abstehen.

stellen, daß bei starker Strömung mit Eleganz nicht viel zu gewinnen ist. Fischen, die sich in diesen Gewässern häuslich niederlassen, bleibt gar nichts anderes übrig, als zwischen Steinen und Geröll Schutz zu suchen.

Doch kein Geschäft ohne Konkurrenz. Für die Algenbeseitigung bietet auch der Blaue Antennenwels (*Ancistrus dolichopterus*), ebenfalls ein Mitglied der Familie der Harnischwelse, seine Dienste an. Mit Recht kann man ihn als einen hübsch-häßlichen Burschen bezeichnen: Mit seinem von Knochenplatten bedeckten Körper sieht er aus wie ein Überbleibsel aus grauer Vorzeit. Bei der Arbeit ist er nicht zu bremsen. Mit den feinen Raspelzähnen seines Saugmauls geht er an Steinen, Hölzern, Pflanzen oder Aquarienscheiben so erfolgreich zu Werke, daß Algen keine Chance haben, und er vergreift sich kaum an den Aquarienpflanzen, im Gegensatz zu anderen Algenfressern.

Die Jungtiere erkennt man übrigens daran, daß sie noch kein Geweih aus verzweigten Tentakeln vorweisen können, denn dieses wächst ihnen erst im Alter von einem Jahr. Weibchen müssen fast ganz auf diesen „Kopfschmuck“ verzichten. Doch nicht nur das „Geweih“ des Tieres vermag wissenschaftliches Interesse zu wekken, auch sein Auge ist bemerkenswert: Ebenso wie das menschliche Auge vermag es wechselnde Lichtverhältnisse auszugleichen, was dem Antennenwels hilft, seinen „dunklen Geschäften“ nachzugehen.

Allerdings gibt es einige grundlegende Unterschiede im Aufbau des Organs: Beim Menschen reguliert die Iris, eine ringförmige Blende im Auge, den Lichteinfall; beim Wels dagegen verrichtet diese Aufgabe der sogenannte Irislappen, ein kleiner, die Pupille teilweise verdeckender Hautlappen. Bei hohem Lichteinfall weitet sich dieser, bei Dunkelheit zieht er sich zusammen und steuert so die ins Auge gelangende Lichtmenge.

Haste Töne!

Übrigens: Wer sich Welse zulegt, braucht sich nicht zu wundern, wenn auf einmal seltsame Laute aus dem Aquarium dringen. Diese quietschenden und knarrenden Töne erzeugt der Wels, wenn er sich über seine Mitbewohner ärgert. Wie die Geräusche entstehen, weiß man allerdings noch nicht so genau. Vermutlich werden sie durch die Bewegung der Rücken- und Brustflossenstachel in den Gelenkpfannen erzeugt.

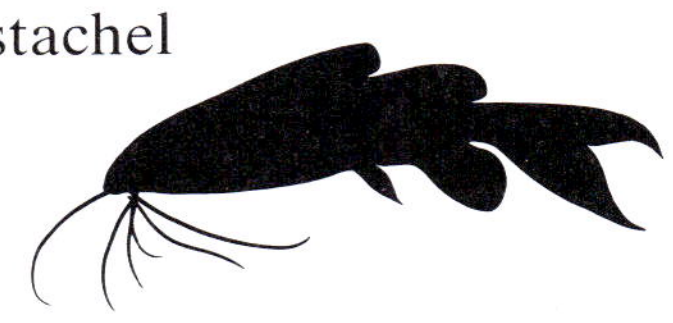

Knurrende Gesellen, Schaumschläger und Kampffische

Doch auch hier trügt der Schein: Was für den Laien wie ein Kuß aussieht, heißt in der Sprache der Aquarianer „Maulzerren“ und ist eine Drohgebärde.

Aber so richtig ernst wird es bei den Labyrinthern eigentlich nie. Es sei denn, das Aquarium ist zu klein und bietet obendrein zu wenig Versteckmöglichkeiten. Knurrende Guramis sind übrigens gesellig und es sollten daher immer mehrere gemeinsam gehalten werden.

Etwas ganz Besonderes ist der Indische Kletterfisch (*Anabas testudineus*): Sagt ihm seine Umgebung nicht mehr zu, macht er sich „aus dem Staub“ und robbt unter Zuhilfenahme von Brustflossen, Schwanz und Kiemendeckeln einfach zum nächsten Wasserloch.

Diese Wanderungen finden bei Nacht statt, wenn Tau oder regenfeuchtes Gras garantieren, daß er das nächstgelegene Domizil erreichen kann, ohne

Kletterfische können mehrere hundert Meter über Land wandern.

Labyrinthfische

Es gibt schon merkwürdige Gesellen unter den Labyrinthfischen (was es mit dem Namen der Fische auf sich hat, kann man im Kasten nachlesen). Da wäre zuerst einmal der Knurrende Gurami (*Trichopsis vittatus*). Er trägt seinen Namen zu Recht. Es ist aber nicht sein Magen, der knurrt, weil vielleicht das Futter nicht reichlich genug war; das Knurren dient vielmehr dazu, etwaigen Konkurrenten Furcht einzuflößen – ähnlich wie bei Hunden. Er knurrt sogar so laut, daß man es außerhalb des Aquariums hören kann. Aber dieser Gurami kann auch vor Wonne knurren, vor allem während der Balzzeit.

Aber können Fische überhaupt hören? Sie haben doch gar kein Trommelfell! Das ist zwar richtig, aber die Aufgabe des Trommelfells übernimmt bei den Fischen die Schwimmblase, die sich vorzüglich eignet, die Schwingungen der Töne im Wasser aufzunehmen und zum Mittelohr weiterzuleiten. Denn das haben die Fische.

Neben dem Knurrenden Gurami gibt es noch zwei Verwandte, die solche für Fische ungewohnte Geräusche erzeugen: der Knurrende Zwerggurami (*Trichopsis pumilus*) und Schaller's Knurrender Gurami (*Trichopsis schalleri*).

Doch nicht alle Guramis sind so mürrisch veranlagt; es gibt auch noch den Küssenden Gurami (*Helostoma teminckii*), der ebenfalls seinem Namen alle Ehre macht, denn er „küßt“ während der Balzzeit seine Artgenossen auf Mund und Körperseiten.

Ein Kampffisch-Männchen unter seinem Schaumnest.

Insekt der Wasseroberfläche, „spucken" diese Fische mit einem Wasserstrahl danach; eine leckere Bereicherung der Speisekarte ...

Im Aquarium kann man das simulieren: Ein Bröckchen angefeuchtetes Flockenfutter, einige Zentimeter oberhalb der Wasseroberfläche an die Beckenwand geklebt, wird nach Entdeckung „abgeschossen".

Ein sehr beliebter Vertreter dieser interessanten Fischfamilie ist der Zwergfadenfisch (*Colisa lalia*). Die Männchen dieser Art haben eine besonders attraktive Farbgebung: Der blaue Körper weist eine Reihe leuchtend roter Schrägstreifen auf; Flossen und die Iris des Auges sind ebenfalls rot gefärbt. Zur Balzzeit schmücken sich die Männchen obendrein mit tiefblauer Bauch- und Kehlpartie.

Der Fachhandel bietet verschiedene Zuchtformen an: Rote und Blaue sowie Neon- und Regenbogen- Zwergfadenfische. Bei Gefahr können auch diese deutlich hörbare Töne von sich geben.

Eine Wiege aus Schaum

Ein weiterer interessanter und als Aquarienfisch hochbeliebter Labyrinthfisch ist der Siamesische Schleierkampffisch (*Betta splendens*). Sein Kampfverhalten das ihm den Namen gab, wird in unserem Expeditionsbericht gründlich abgehandelt.

Hier wenden wir uns einer anderen Verhaltensweise der Labyrinth-

auszutrocknen. Bei guter Kondition legt dieser Wanderbursche pro Stunde bis zu 100 Meter zurück. Eine unglaubliche Leistung.

Doch damit noch nicht genug: In der Familie der Labyrinther gibt es auch einen Fisch, der vortrefflich spucken kann. Allerdings spuckt er nicht nach seinen Besitzern, sondern um sich einen besonderen Leckerbissen einzufangen.

Dank ihres Atemlabyrinths können die Gepunkteten Fadenfische sogar in diesen trüben Wasserlöchern leben.

Gut gespuckt ist halb gegessen

Der „Meisterspucker" aus der Familie der Labyrinthfische gehört zu den südostasiatischen Fadenfischen, die ihren Namen wegen der fadenförmig ausgezogenen Bauchflossen tragen, die ihnen als Geschmacks-, Geruchs- und Tastorgan dienen. Der „Faden" ist jedoch weniger für die Nahrungsaufnahme wichtig, sondern dient bei der Balz zur Erkennung von Artgenossen.

Die Fadenfische sind übrigens nicht nur als Aquarienbewohner attraktiv: Die Reisbauern Thailands sowie viele Thai-Restaurants halten sich den Punktierten Fadenfisch (*Trichogaster trichopterus trichopterus*), der auch Punktierter Gurami genannt wird, als beliebte Spezialität. Man kann ihn als „Forelle Südostasiens" bezeichnen.

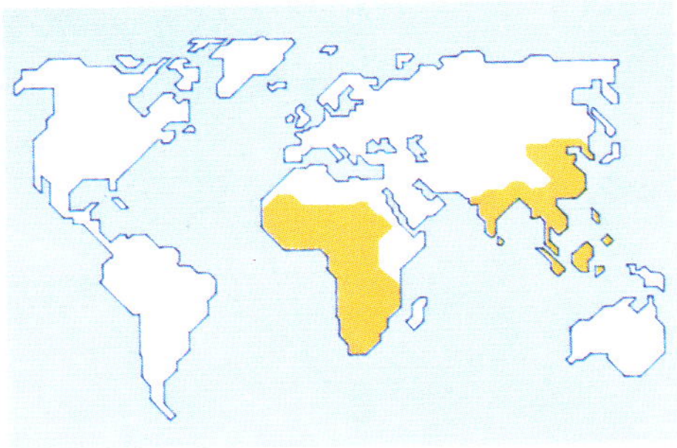

Die Verbreitungsgebiete der Labyrinthfische

Doch es ist eine ganz andere Eigenschaft, die diese Fische so ungewöhnlich macht. Von den *Colisa*-Arten wird berichtet, daß sie auch auf Nahrung außerhalb des Wassers Jagd machen: Nähert sich ein

Der Zwergfadenfisch (*Colisa lalia*)

Der Honiggurami (*Colisa chuna*)

Der Gestreifte Fadenfisch (*Colisa fasciata*)

fische zu: dem Nestbau. Und auch hier lassen sie sich wieder etwas Besonderes einfallen.

Was dem Vogel recht ist, ist diesen Fischen billig, denn Nester lassen sich nicht nur auf Bäumen bauen: Sie spucken mit Speichel überzogene Luftblasen aus, die sich an der Wasseroberfläche zu Schaumnestern zusammenfügen. Im Verlauf der Balz schwimmt das Weibchen unter das Schaumnest. Dort wird es vom Männchen umschlungen, wobei es seine Eier abgibt, die gleich vom Männchen befruchtet werden. Zu Boden sinkende Eier werden vom Männchen mit dem Maul aufgesammelt und ins Nest gespuckt. Das Schaumnest hat also die Aufgabe, die Eier an der Wasseroberfläche dicht zusammenzuhalten.

Der Smaragd-Kampffisch (*Betta smaragdina*) baut sein Schaumnest auch gern in Höhlen, wobei der Aquarianer mit einer halbierten, vom Fruchtfleisch befreiten (und gut gewässerten) Kokosnußschale Hilfestellung leisten kann.

Ein Kavalier ist der Kampffisch nicht gerade. Während der Balzzeit geht er recht rüde mit den Weibchen um: Sofort nach dem Ablaichen muß es sich schleunigst aus dem Staub machen, denn Kindererziehung hält der Herr Schleierkampffisch für Männersache. (Siehe auch Zuchttabelle S. 163).

Der Blaue Fadenfisch (*Trichogaster trichopterus sumatranus*)

Zwar bauen die meisten Labyrinthfische Schaumnester für ihren Nachwuchs, doch wie so oft, gibt es auch hier Ausnahmen. Beim Maulbrütenden Kampffisch (*Betta pugnax*) nimmt zunächst das Weibchen die befruchteten Eier ins Maul und übergibt sie dann dem Männchen. Dieses zieht sich nun mit seiner wertvollen Fracht in das Pflanzendickicht zurück und taucht erst nach 10 Tagen mit den geschlüpften Jungfischen wieder auf. Diese Art der Nachwuchsaufzucht nennt man, wie könnte es anders sein, Maulbrüten.

Warum baut nun der Maulbrütende Kampffisch kein Schaumnest wie seine anderen Verwandten? Biologen erklären dieses außergewöhnliche Verhalten als eine Anpassung an seinen Lebensraum: Der Maulbrütende Kampffisch hat sein Zuhause meist in schnell fließenden Bächen; Schaumnester hätten hier nur eine kurze Lebensdauer.

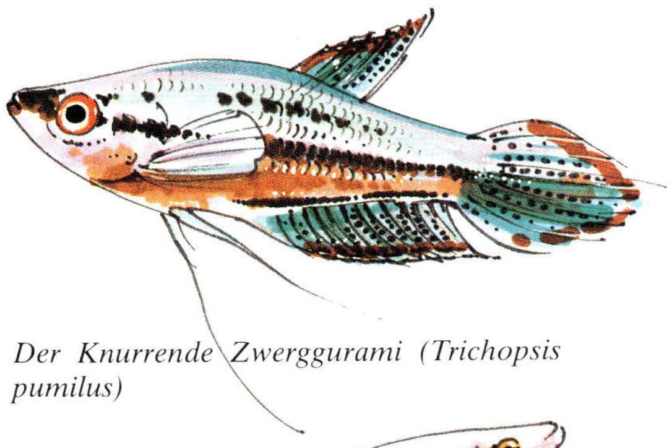

Der Knurrende Zwerggurami (Trichopsis pumilus)

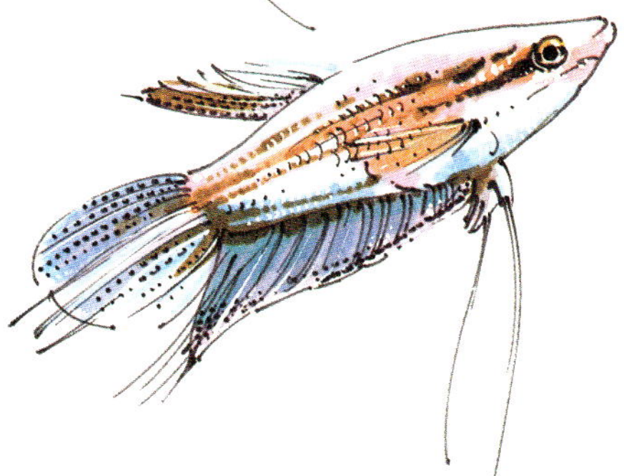

Der Knurrende Gurami (Trichopsis vittatus)

Schallers Zwerggurami (Trichopsis schalleri)

Schöner wohnen

Labyrinthfische sind ziemlich unproblematische Aquarienfische. Bei einer Wassertemperatur von 25 bis 27° C fühlen sie sich wohl.

Besonders dankbar sind sie für üppige Bepflanzung. Weniger, weil sie sich an dem Anblick der Pflanzen erfreuen, sondern wegen der guten Versteckmöglichkeiten. Außerdem sind die Pflanzen „Grenzsteine“ zur Revierabsteckung.

Die Lieblingspflanzen der Labyrinther sind unter anderen Großer Wasserfreund, Indischer Wasserwedel und Riesen-Sumpfschraube. Zur Ergänzung sollte man noch einige Schwimmpflanzen dazugeben, wie Wasserhornfarn, Teichlebermoos oder Muschelblume.

Darüber hinaus empfiehlt sich eine Aquarienabdeckung, denn Labyrinthfische sind äußerst springfreudig. Außerdem sorgt die Abdeckplatte aus Glas für feuchtwarme Luft, wobei sichergestellt wird, daß sich die Fische beim Luftschnappen nicht erkälten (das ist kein Witz). Die Scheibe darf jedoch nicht das Aquarium so vollständig abdecken, daß keine Luftzirkulation mehr möglich ist.

Das Weibchen des Mosaikfadenfisches (oben) unterscheidet sich in Farbe und Flossenform deutlich von den Männchen.

Beim Androhen sind die Flossen dieser beiden Kampffisch-Männchen bis zum Zerreißen gespannt.

Die Wasser- und die Luftatmer

Ebenso wie wir Menschen müssen auch die Fische atmen, um am Leben zu bleiben. Die meisten Fische atmen durch Kiemen, die unter den Kiemendeckeln am Kopf des Fisches sitzen. Beim Einatmen schluckt der Fisch Wasser und preßt es durch seine Kiemen nach außen. Dabei nehmen die stark durchbluteten Kiemenblättchen den im Wasser gelösten Sauerstoff auf; gleichzeitig wird Kohlendioxid ans Wasser abgegeben.

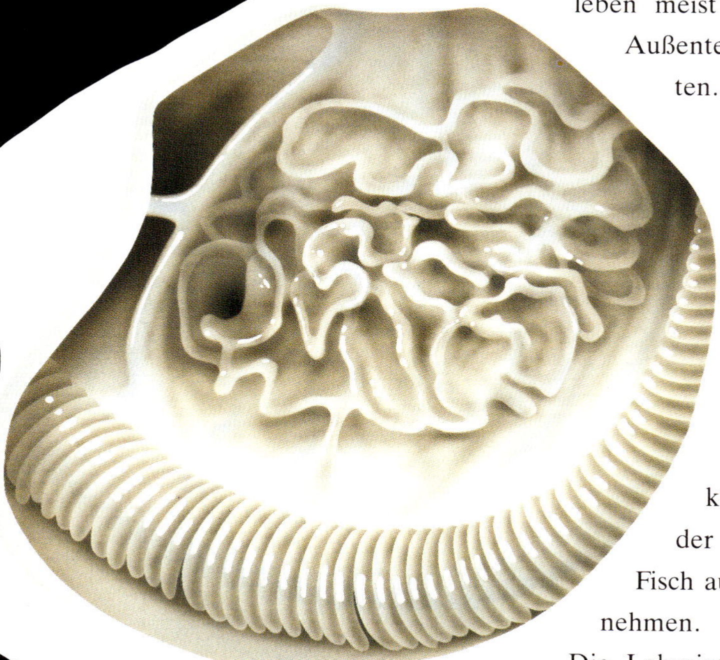

Anders ist es bei den Labyrinthatmern: Diese Fische leben meist in flachen Gewässern, die bei hohen Außentemperaturen zu wenig Sauerstoff enthalten. Hier würde die Kiemenatmung allein nicht ausreichen. Bei diesen Fischen hat sich im Lauf ihrer Entwicklung seitlich des Mauls ein spezielles Organ herausgebildet: das Atemlabyrinth. Mit ihm können Labyrinthfische den Sauerstoff direkt aus der Luft aufnehmen.

Würde ein allein mit Kiemen ausgestatteter Fisch das versuchen, wären in kürzester Zeit die Kiemen eingetrocknet, der Fisch erstickt. Deshalb darf man einen Fisch auch nie für längere Zeit aus dem Wasser nehmen.

Die Labyrinthfische hingegen sind darauf angewiesen, Luft zu atmen. Ein Aquarium darf deshalb bei diesen Fischen nie ganz mit Wasser gefüllt sein, sondern muß immer einen Luftraum zwischen Wasseroberfläche und Abdeckscheibe haben. Andernfalls können Labyrinthfische – so seltsam dies klingen mag – ertrinken.

Mosaikfadenfisch
Trichogaster leeri

Blauer Fadenfisch
Trichogaster trichopterus

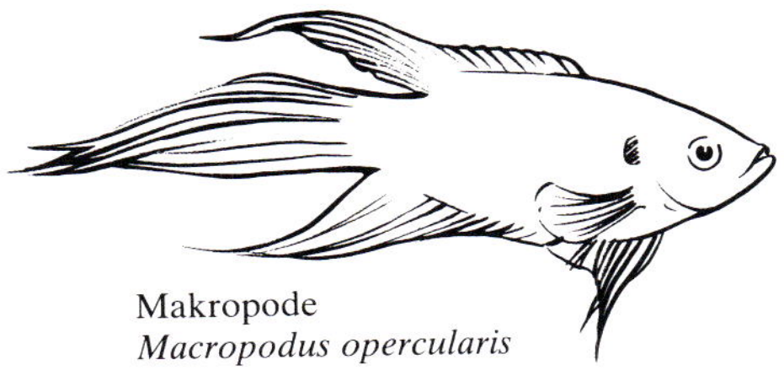

Makropode
Macropodus opercularis

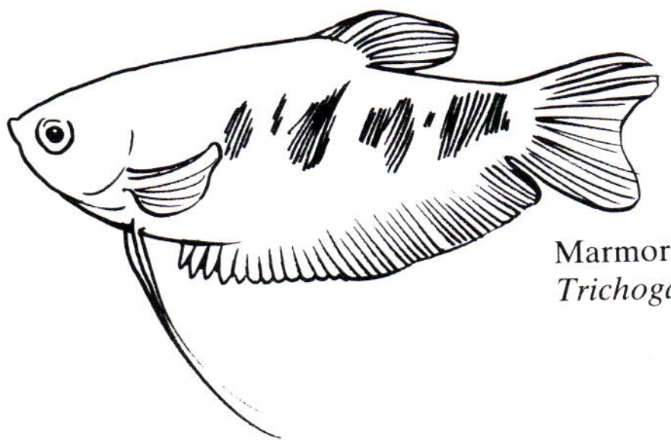

Marmorfadenfisch
Trichogaster trichopterus „cosby“

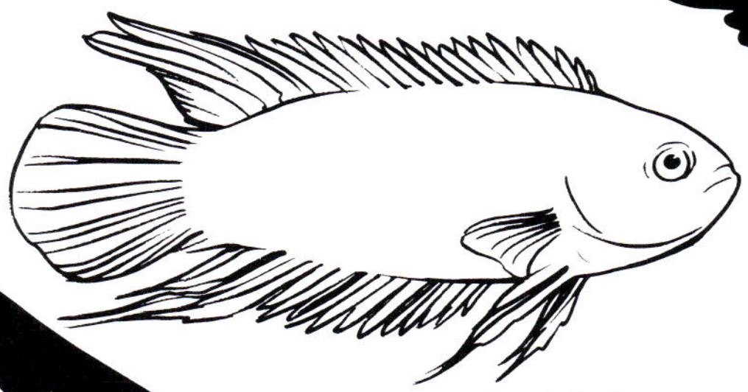

Orange-Buschfisch
Ctenopoma ansorgii

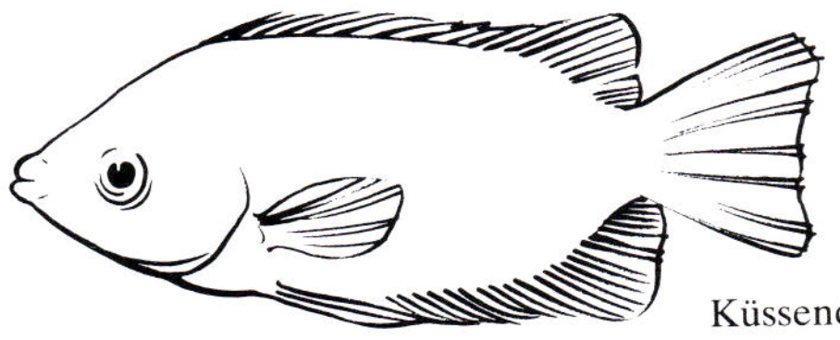

Küssender Gurami
Helostoma teminckii

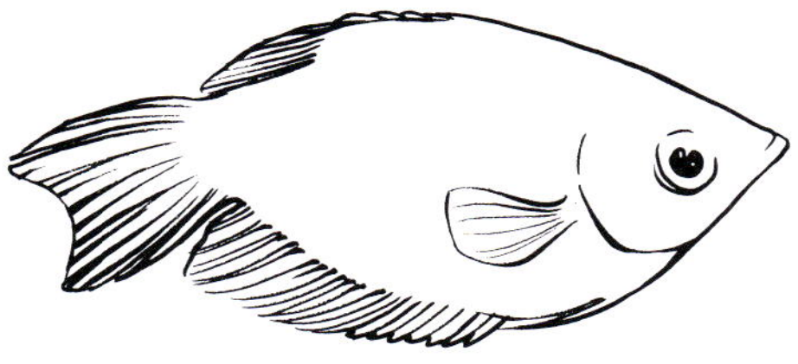

Schokoladengurami
Sphaerichthys osphromenoides

Gladiatorenkämpfe unter Wasser

Expeditions-Episode

„Auf meiner letzten Asienreise wollte ich unbedingt einmal die Kämpfe der siamesischen Kampffische miterleben, um mir ein eigenes Urteil über diese seltsame „Sportart" erlauben zu können.
Doch schon seit einer ganzen Weile durchstreifte ich Bangkok, die Hauptstadt Thailands, auf der Suche nach einem Kampflokal, vergebens. Fischkämpfe und das dazugehörige Wettgeschäft sind nämlich verboten. Allerdings weniger aus Gründen des Tierschutzes, denn meist verlassen die beteiligten Kontrahenten das Kampfgeschehen, ohne mit dem Leben bezahlt zu haben. Nein, die Fischkämpfe sind untersagt, weil die Thai oft ihr gesamtes Vermögen verwetten. Auf Fragen reagierten die Angesprochenen deshalb sehr zurückhaltend. Erst ein größeres Trinkgeld brachte mir einen Hinweis ein, und schließlich fand ich tatsächlich das angegebene Kampflokal. Von außen konnte man unmöglich darauf schließen, was hinter seiner Pforte vor sich ging.
Das Lokal lag im schummrigen Halbdunkel. Stimmengemurmel, durchdringender Alkoholgeruch und dichte Tabakschwaden empfingen mich.
Auf langen Tischen standen unzählige Glasgefäße, zum Teil leere Whisky-Flaschen, zugeklebt bis auf ein kleines Guckloch, durch das die Kämpfer begutachtet und taxiert wurden.
Es sind nicht die Zuchtformen, die wir aus Europa kennen, sondern Abkömmlinge der ursprünglichen Wildformen mit kleinen Flossen. „Pla-Kat" nennen die Thailänder ihre Lieblinge, was soviel wie „Beiß- und Reißfische" bedeutet.

Endlich hatte man sich auf zwei Kontrahenten geeinigt. Sie wurden in ein hohes, viereckiges und mit Wasser gefülltes Glas gegeben, obendrauf kam ein Deckel.
Und schon ging es los. Eben hatten sich noch die beiden Fische umkreist, sich mit abgespreizten Kiemen und Flossen angedroht, als im nächsten Augenblick der Maulkampf begann. Jeder versuchte, den anderen wegzuzerren und am Luftholen an der Wasseroberfläche zu hindern. 20 Minuten währte der Kampf nun schon, und die Spannung stieg.
Anfängliches Geraune und Gemurmel war atemloser Stille gewichen. Alle starrten gebannt auf die gläserne Arena. Auch ich merkte, wie die Spannung auf mich übergriff. Bis zu drei Stunden kann so ein Fischkampf dauern, wie mir ein Einheimischer berichtete. Verletzungen bei den Kämpfern sind allerdings weder die Norm noch erwünscht, denn das Hauptinteresse der Thai liegt in der artgerechten Kampftechnik. Sieger ist der Fisch, der die bessere Kondition besitzt und nicht so schnell zum Luftholen auftauchen muß.
Bei uns zu Hause im Aquarium sähe die Sache schon ganz anders aus. Fehlt unseren hochgezüchteten Schleierkampffischen die Fluchtmöglichkeit, endet das meist mit dem Tod des schwächeren Gegners. Schon nach kurzer Zeit wären die mächtigen Flossen unserer Aquarienbewohner von Bissen zerfetzt. Geringe Besatzzahlen (immer nur ein Männchen mit mehreren Weibchen) und ausreichende Fluchtmöglichkeiten in der Unterwasserflora sind Voraussetzung für das Überleben im Aquarium.
Doch zurück nach Thailand. Der Kampf war inzwischen entschieden, nach einer Stunde und zwanzig Minuten. Ein enttäuschter und ein glücklicher Fischbesitzer verstauten ihre Wettkämpfer wieder in den Glasbehältern. Der nächste Kampf begann.“

Die Fische

1.2 Zwergfadenfische (1)
Colisa lalia
1.2 Dicklippige Fadenfische (2)
Colisa labiosa
1.3 Kampffische (3)
Betta splendens
1 Feuerschwanz (4)
Labeo bicolor
3 Dornaugen (5)
Acanthophthalmus kuhlii
4 Saugwelse (6)
Otocinclus affinis oder
O. vittatus

Die Pflanzen

10 Große Fettblätter (A)
Bacopa caroliniana
5 Indische Wasserwedel (B)
Hygrophila difformis
5 Riesen-Wasserfreunde (C)
Hygrophila corymbosa
10 Rundblättrige Lindernien (D)
Lindernia microcalyx
15 Rundblättrige Rotala (E)
Rotala rotundifolia
1 Roter Tigerlotus (F)
Nymphaea lotus
8 Riesen-Sumpfschrauben (G)
Vallisneria gigantea
15 Schraubenvallisnerien (H)
Vallisneria asiatica var. biwaensins
15 Feinblättrige Rotala
Rotala wallichii
5 Quirlblättrige Lindernien
Lindernia spec.

Aquarium für Labyrinthfische

Die Labyrinthfische sind im südostasiatischen Raum zu Hause. Dort bevölkern sie nahezu alle nur erdenklichen Gewässer. Selbst von sauerstoffarmen Gewässern lassen sie sich nicht abschrecken. Indem sie an der Wasseroberfläche nach Luft schnappen, gleichen sie diesen Mangel aus.
Viele Arten bauen für ihre Eiablage kunstvolle Schaumnester. Ein Schaumnest besteht aus zahlreichen „ausgespuckten" Luftbläschen, die von einem besonderen Schleim zusammengehalten werden. Obwohl die meisten Labyrinther friedliche Fische sind, kommt es beim Balz- und Revierverhalten schon mal zu Reibe-

meisten Unfälle gab es allerdings beim Umsetzen, denn die Piranhas beißen wie wild um sich, wenn sie an Land gezogen werden. Gerüchte, denenzufolge die Zähne des Piranhas so scharf sein sollen, daß die Amazonasindianer sein Gebiß als „Rasierapparat" benutzen, konnten bis jetzt allerdings noch nicht bestätigt werden! Aber Spaß beiseite – als Aquarienfisch ist auf jeden Fall eine von den „kleineren", etwa 3–12 cm langen Salmler-Arten besser geeignet.

Flieg, Salmler flieg ...

Unter den Salmlern gibt es die kuriosesten Typen, z. B. den einzigen Fisch, der wie ein Vogel zu aktivem Flug fähig ist. Im Vergleich zu den anderen Fischen, die in der Lage sind, sich in die Lüfte zu erheben, ist er ein Motorflugzeug unter Segelfliegern. Während die anderen Fische nur gleiten, kann der Beilbauchfisch (Familie *Gasteropelecidae*) regelrecht mit seinen Brustflossen flattern – und das so schnell, daß dabei ein summendes Geräusch entsteht, ähnlich wie bei einer Hummel oder einem Kolibri. Wie die Vögel, haben diese Fische ein Brustbein entwickelt, den Ansatzpunkt für die zum Fliegen notwendige Muskulatur. Auch als Aquarienbewohner kann der

Beilbauchfische, wie der hier abgebildete Marmorbeilbauch, können mit dem Schlag ihrer Flossen meterweit durch die Luft fliegen.

Raubritter und steile Zähne

Salmler

Über die Salmler kursieren einige irrige Vorstellungen. Da wäre zunächst einmal das Vorurteil, alle Salmler seien kleine Bürschchen. Wenn auch die „Aquarienausführung“ – was die Größe angeht – ziemlich unbedeutend wirkt, so gibt es doch Vertreter des tausend Arten zählenden Clans der Salmler, die gut 1,20 m lang werden, z. B. der Wolfsalmler (*Hydrocynus goliath*) aus Südamerika.

Bei diesem zu den Raubsalmlern zählenden Fisch sind die vorderen Säbelzähne des Unterkiefers so lang, daß er sein Maul gar nicht schließen könnte, hätte er nicht röhrenförmige Aushöhlungen im Kopf. In diese versenkt er die Zähne gleich einem Dolch, der in eine Scheide gesteckt wird. Für die Indianer hatten diese Zähne des Wolfsalmlers mystische Bedeutung, und ähnlich wie die Zähne und die Krallen des Jaguars wurden sie im Ohrläppchen oder als Kranz um den Hals getragen.

Aber nicht allein der Wolfsalmler verfügt über Zähne. Sie gehören, neben der Fettflosse (siehe Abb. S. 71) zu den charakteristischen Merkmalen der Salmler, und für die systematische Gliederung der Arten sind diese Kau- und Reißinstrumente, die von nadelspitzen Fang- bis zu gefährlich rasiermesserscharfen Palisadenzähnen reichen, von größter Wichtigkeit. Dabei denkt man meist an einen der prominentesten Vertreter dieser Familie, den Piranha (*Serrasalmus nattereri*).

Gerade ihm gegenüber bestehen recht massive Vorurteile. Seinem schlechten Ruf wird er zwar nur bedingt gerecht, als Aquarienfisch ist dieser großmäulige Geselle, der bis zu 40 cm groß werden kann, aber trotzdem nur bedingt geeignet. Aquarianer, die darüber anders dachten, sind schon recht empfindlich gebissen worden. Die

Trauermantelsalmler
Gymnocorymbus ternetzi

Schwarzer Phantomsalmler
Megalamphodus megalopterus

Rautenflecksalmler
Hemigrammus caudovittatus

Glühlichtsalmler
Hemigrammus erythrozonus

Rotaugen-Moenkhausia
Moenkhausia sanctaefilomenae

Schrägschwimmer
Thayeria boehlkei

Spritzsalmler
Copella arnoldi

Marmorbeilbauch
Carnegiella strigata

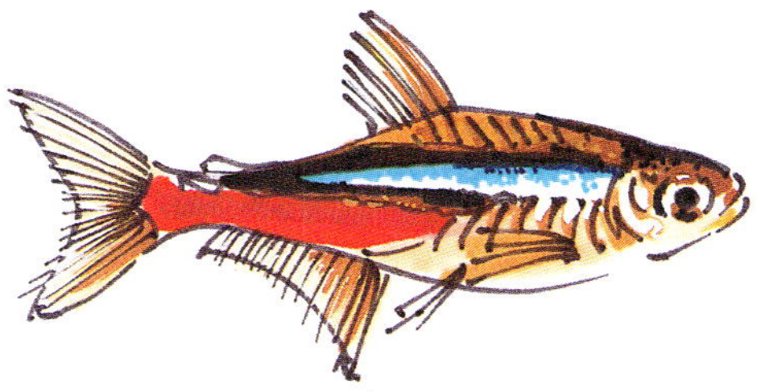

Neonsalmler
Paracheirodon innesi

Roter Phantomsalmler
Megalamphodus sweglesi

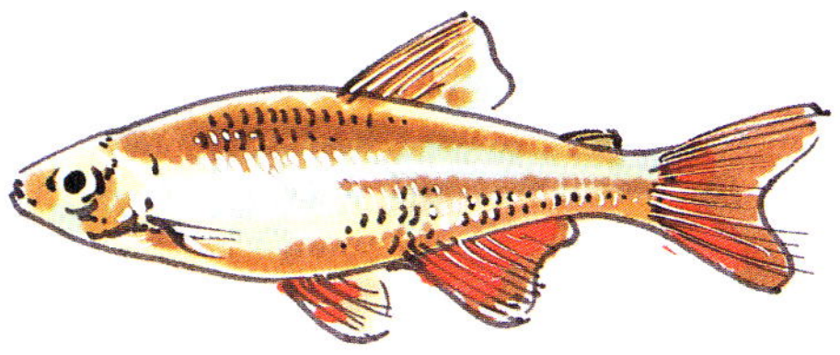

Rotflossensalmler
Aphyocharax anisitsi

Kupfersalmler
Hasemania nana

Dreibandsalmler
Hyphessobrycon heterorhabdus

Roter Neon
Paracheirodon axelrodi

Dreibinden-Ziersalmler
Nannostomus trifasciatus

reien. So ist beispielsweise mit dem Kampffisch nicht gut Kirschenessen. Er greift sogar sein Spiegelbild an, wenn man einen Taschenspiegel in das Aquarium hält. Der Feuerschwanz, ein Verwandter der Karpfen, ist da schon etwas vornehmer: Er drückt seine jeweilige Stimmung durch Farbveränderungen aus. Als Beifische sind einige Welse geeignet.

Das Aquarium

80 × 35 × 40 cm (112 Liter)

Die Dekoration

Moorkienholz, feinkörniger Kies.

Die Technik

Luftbetriebener Schaumstoffilter; Beleuchtung mit 2 Leuchtstoffröhren; CO_2-Düngung; geregelte Heizung (80–125 Watt).

Die Wasserwerte

Temperatur: 24 – 28° Celsius
pH-Wert: 6,5–7,5
GH: 10 – 14° dH
Leitungswasser mit Wasseraufbereitungsmittel. Regelmäßiger Wasserwechsel (30%) mit entsprechender Nachdüngung und Wasseraufbereitung.

Sicht ist. Doch nicht alle Verletzungen führen zur Abgabe des Duftstoffes. Wenn dies aber einmal passiert, breitet sich dieser Panikmacher im Aquarium aus, und die Neonsalmler können ihm nicht entrinnen. In diesem Fall ist ein Wasserwechsel dringend angezeigt.

Statt Diamanten: Aquaristische Juwelen

Keinem Aquarianer, sondern einem Glücksritter verdankt Europa die ersten Neonfische. Der Franzose Rabaut war seinerzeit in Südamerika unterwegs, um Diamanten zu suchen und Krokodile zu jagen. Eines Tages zeigte ihm eine Indianerin ein Tongefäß, in dem sich einige buntglitzernde Fische tummelten: die ersten Neonfische, die ein Weißer je zu Gesicht bekam. Die Indiofrau verriet ihm auch die verborgenen Plätze im Dschungel, an denen diese Fische zu finden waren. Rabaut verlor keine Zeit und machte sich sofort daran, eine Fangexpedition zu organisieren. Er hatte gleich erkannt, welche Chancen dieser kleine, schillernde Fisch bot.

Er sollte sich nicht getäuscht haben: Als 1935 die ersten Neonfische nach Deutschland kamen, lösten sie dort eine regelrechte Aquarienepidemie aus. Bis dahin waren Aquarianer als harmlose Sonderlinge belächelt worden, jetzt war es auf einmal salonfähig, sich ein Aquarium zuzulegen. Und so stand es denn auch – gefüllt mit leuchtenden Neonfischen – im Salon vornehmer Häuser. Man kann also durchaus behaupten, daß der Neonsalmler der Aquaristik auch in Deutschland erst den Weg geebnet hat.

Im Jahr 1956 wurde, ebenfalls im Amazonasgebiet, eine Variante entdeckt: der Rote Neon (*Paracheirodon axelrodi*). Sein rotes Band reicht von der Schwanzwurzel bis zur Maulspitze, während das Rot des einfachen Neonsalmlers nur vom Schwanz bis zur Körpermitte reicht.

Ihre leuchtenden Farben tragen die Neonfische übrigens nicht als

Beilbauchsalmler seine Leidenschaft für das Fliegen nicht unterdrücken; auf seinem Aquarium muß daher eine Abdeckung angebracht werden. Im tropischen Südamerika findet man diese interessanten Fische häufig im Mündungsbereich kleinerer Seitenflüsse.

Im Disco-Look: der Neonsalmler

Der Neonsalmler (*Paracheirodon innesi*) gehört fast schon zur Standardbesetzung eines jeden Aquariums. Kein Wunder, denn er ist unproblematisch, stellt geringe Ansprüche und macht mit seinem Glitzerlook ganz schön was her.

Dazu paßt auch, daß sich der Neon gern unter Artgenossen tummelt, also ein Schwarmfisch ist. Hier gibt es eine interessante Beobachtung, die auch bei einigen anderen Schwarmfischen gemacht werden kann: sie warnen sich gegenseitig vor einem gefährlichen Feind. Wird ein Neonsalmler angegriffen und verletzt, gibt seine Haut einen speziellen Duftstoff an das Wasser ab, den sog. „Schreckstoff". Dieser warnt die Kollegen nachhaltig, die gefährliche Stelle zu meiden, und treibt sie zu spontaner Flucht an. Tropft man etwas von diesem Stoff ins Wasser, geraten die Neonsalmler sofort in Panik, obwohl weit und breit kein gefährlicher Gegner in

Ein Schwarm Neonsalmler ist ein besonderer Schmuck für jedes Aquarium.

Blinder Höhlensalmler
Astyanax fasciatus mexicanus

Karfunkelsalmler
Hemigrammus pulcher

Afrikanischer Großschuppensalmler
Arnoldichthys spilopterus

Zitronensalmler
Hyphessobrycon pulchripinnis

Rotmaulsalmler
Petitella georgiae

Prachtkopfsteher
Anostomus anostomus

Blauer Kongosalmler
Phenacogrammus interruptus

Schmucksalmler
Hyphessobrycon bentosi bentosi

Brillantsalmler
Moenkhausia pittieri

Dickkopf-Scheibensalmler
Metynnis hypsauchen

Blutsalmler
Hyphessobrycon callistus

Sternflecksalmler
Pristella maxillaris

Zwergziersalmler
Nannostomus marginatus

Roter von Rio
Hyphessobrycon flammeus

Roter Piranha
Serrasalmus nattereri

Schmuck. Der Grund ist, daß sie im Schwarzwasser leben, und dort können sich diese Schwarmfische nur sehen und zusammenbleiben, wenn sie eine leuchtende Färbung besitzen.

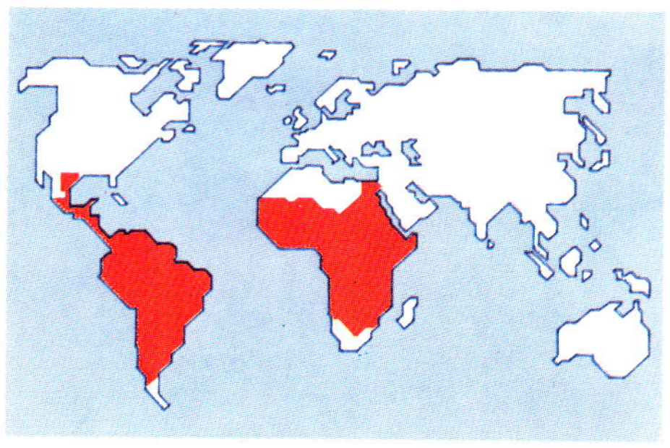

Die Verbreitungsgebiete der Salmler

Ein bunter Verein

Dem optischen Erscheinungsbild dieser leuchtenden, schillernden Fische entsprechend, hat man die passenden Namen ausgesucht. Der Brillantsalmler (*Moenkhausia pittieri*) wird, wie ein kostbarer Wein, mit zunehmendem Alter immer besser. Doch nicht etwa der Geschmack ist hier gemeint; nein, ihre Farben werden mit der Zeit immer schöner.

Sehr treffend ist auch der Name, den der Karfunkelsalmler (*Hemigrammus pulcher*) sein eigen nennt. Wie bei einem wertvollen Edelstein kommen sein Feuer, seine Farben erst bei entsprechender Beleuchtung zur Geltung. Besonders attraktiv ist ein Aquarium, in dem Neon- und Karfunkelsalmler miteinander um die Wette schillern. Das geht übrigens ohne Probleme, denn beide Salmlerarten vertragen sich sehr gut. Der Karfunkelsalmler ist, ebenso wie der Neon, kein aggressiver Aquariengenosse. Damit sie auch voll zur Geltung kommen, legt man dunkle Steine auf den Boden, zum Beispiel Schiefer, und sorgt durch künstliches Licht für effektvolle Beleuchtung.

Ein gern gesehener Gast in den Aquarien ist auch der Laternensalmler (*Hemigrammus ocellifer*), ursprünglich in Amazonien und Guayana zu Hause. Er ist auch bekannt unter dem Namen Leuchtfleck-, Rücklicht- oder Schlußlichtsalmler. All diese verheißungsvollen Bezeichnungen verdankt er dem Leuchtfleck an seiner Schwanzwurzel. Dieser Farbtupfer hat Signalcharakter und bringt andere Schwarmmitglieder dazu, ihm zu folgen. Das Farbsignal der Artgenossen hält damit letztendlich den gesamten Schwarm zusammen.

Fröhliche Wohngemeinschaft

Salmler haben nichts dagegen, mit anderen Fischen zusammenzuziehen, denn wie bereits erwähnt, sind Salmler Schwarmfische. Hält man von mehreren schwarmbildenden Salmlerarten jeweils kleine Gruppen von 6 bis 15 Tieren, dann finden diese sich bald zu einem Gesamtschwarm zusammen. Raubsalmler wie Piranhas und Zweitupfensalmler (*Exodon paradoxus*) sollten es aber nicht gerade sein. Anderenfalls würde sich das Aquarium rapide leeren ...

In der Aquarienmitte muß ausreichend Platz sein, damit sich die Fische tummeln können. An Seiten- und Rückwänden empfiehlt sich eine dichte Bepflanzung, in der die relativ schreckhaften Tiere Unterschlupf finden.

Je nach Herkunftsgebiet des Fisches sollte die Temperatur 25° C nicht unterschreiten. Besonderes Augenmerk gilt der Wasserqualität. Bei zu hohen Temperaturen und schlechtem, nitrathaltigem Wasser werden sie leicht krank.

Ein friedlicher Schwarmfisch ist der Karfunkelsalmler.

Blind wie ein Maulwurf

Ein ausgefallenes Mitglied der Salmlertruppe ist der Blinde Höhlensalmler (*Astyanax fasciatus mexicanus*), der sich bereits seit Generationen in den unterirdischen Höhlengewässern des mexikanischen Bundesstaates San Luis Potosi aufhält. Dort ist es so dunkel, daß die ansässigen Lebewesen auf Augen verzichten können. Folglich hat die Natur sie im Lauf der Zeit zurückgebildet, ebenso die Hautpigmente.

Der Blinde Höhlensalmler, *Astyanax fasciatus mexicanus,* ein bleicher, blinder Geselle, findet sich in seiner Unterwasserwelt ausgezeichnet zurecht, und einen Vergleich mit seinen sehenden Artgenossen braucht er nicht zu scheuen: mittels Geschmacks- und Geruchssinn – beide zur Perfektion entwickelt – nimmt er seine Umgebung wahr. Außerdem hilft ihm ein Ortungssystem, das die Bewegungen von Futtertierchen registriert und den Höhlensalmler wie mit Radar gesteuert auf ihre Spur bringt.

Der Blinde Höhlensalmler hat auch ohne Augen einen hervorragenden Orientierungssinn.

Die Fische

15 Neonsalmler (1)
Paracheirodon innesi
6 Rote Phantomsalmler (2)
Megalamphodus sweglesi
6 Schwarze Phantomsalmler (3)
Megalamphodus megalopterus
6 Karfunkelsalmler (4)
Hemigrammus pulcher
6 Kupfersalmler (5)
Hasemania nana
4 Rote Ziersalmler (6)
Nannostomus aripirangensis
3 Saugwelse (7)
Otocinclus affinis oder
O. vittatus
1.1 Schmetterlingsbuntbarsche (8)
Papiliochromis ramirezi
4 Marmorierte Panzerwelse (9)
Corydoras paleatus

Die Pflanzen

1 Breite Amazonaspflanzen (A)
Echinodorus bleheri
1 Riesen-Amazonaspflanzen (B)
Echinodorus major
3 Schwarze Amazonaspflanze (C)
Echindorus parviflorus
1 Rasen Graspflanzen etwa 200 Stück (D)
Lilaeopsis novae-zelandiae
3 Rasen Nadelsimse (E)
Eleocharis acicularis
10 Brasilianische Tausendblatt (F)
Myriophyllum aquaticum

Aquarium für Salmler

Die Familie der Salmler ist sehr artenreich. Hier findet man die unterschiedlichsten Formen und Größen. Auch unsere Forelle und der gefürchtete Piranha gehören zu den Salmlern. Bei fast allen Arten gilt das Motto: „Gemeinsam sind wir stark". Viele Salmler sind Schwarmfische, denen das Zusammenleben eine bessere Überlebenschance bietet.

Woran erkennen sich die Schwarmmitglieder? Wie verhält sich der Schwarm beim Auftauchen eines Feindes? Woran erkennt man das Balz- oder Imponierverhalten, besonders der Roten und Schwarzen Phantomsalmler? Das alles sind

interessante Beobachtungen. Sei es aus privatem Forscherdrang oder nur zur Unterhaltung, für jeden gibt es etwas zu sehen.
Da sich die Schwarmfische bevorzugt im freien Wasser aufhalten, werden als Mitbewohner bodenbewohnende Welse und Buntbarsche vorgeschlagen. Der kleine Schmetterlingsbuntbarsch ist von Natur aus etwas scheu. Durch die munteren Mitbewohner ermutigt, wagt er sich jedoch bald aus seinem Versteck, und beginnt sein kleines Reich gegen andere Fische zu verteidigen.

Das Aquarium

80 × 35 × 40 cm (112 Liter)

Die Dekoration

Moorkienholz, feinkörniger Kies.

Die Technik

Luftbetriebener Schaumstoff-Innenfilter; Beleuchtung mit 2 Leuchtstoffröhren; CO_2-Düngung; geregelte Heizung (80–125 Watt).

Die Wasserwerte

Temperatur:	26–28° Celsius
pH-Wert:	6,5 bis 7,5
GH:	5–14° dH

Leitungswasser mit Wasseraufbereitungsmittel und Torfextrakt aufbereiten. Regelmäßiger Teilwasserwechsel (30%) mit entsprechender Nachdüngung und Wasseraufbereitung.

Killifische

Killifische (Familie *Cyprinodontidae*) erhielten ihren Namen von holländischen Auswanderern, die den Osten Nordamerikas besiedelten und in der Gegend des heutigen New York zum ersten Mal Killifische sahen. Im Holländischen bedeutet „Kill“ soviel wie „Bach“ oder „kleines Gewässer“. Nach diesen Gewässern, in denen sie die Fische vorfanden, gaben die Holländer ihnen den Namen „Kil-Vissen“, was die Engländer in „Killifishes“ verballhornten.
Die große Familie der Eierlegenden Zahnkarpfen (das ist die deutsche Bezeichnung der Killifische) besteht zu etwa einem Fünftel aus Saisonfischen, die in der Regel kein biblisches Alter erreichen. Trotzdem gibt es in dieser Familie genügend interessante und farbenprächtige Arten, die dem Aquarianer bis zu drei Jahre Freude bereiten.

Mit allen Wassern gewaschen

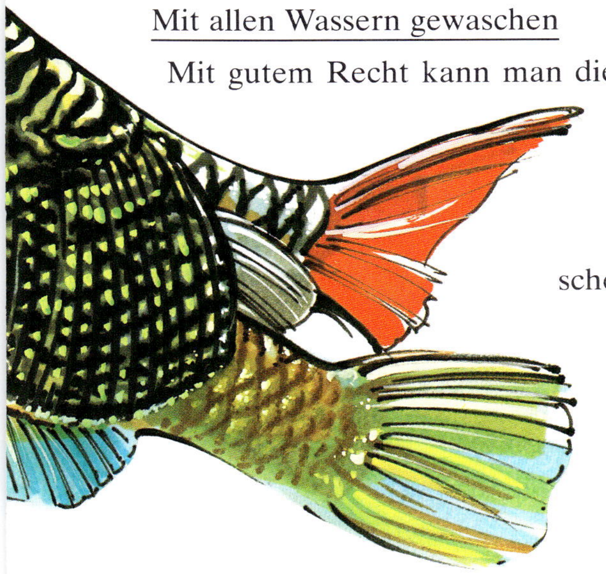

Mit gutem Recht kann man die Killifische als „Adlige“ unter den Aquarienfischen bezeichnen, denn ihre Ahnengalerie ist erheblich länger als die eines englischen Lords. Eierlegende Zahnkarpfen gab es schon vor 70 bis 100 Millionen Jahren, zu einer Zeit also, als die Kontinente noch eine einzige riesige Landmasse bildeten. Als die Kontinente dann auseinanderdrifteten, hatte sich diese Fischfamilie

Saisonfische – sie tanzen nur einen Sommer

Unter dem Begriff „Saisonfische“ versteht man Killifische, die sich auf ganz erstaunliche Art und Weise extremen Umweltsituationen angepaßt haben. Typische Saisonfische sind die südamerikanischen Fächerfische (*Cynolebias*-Arten). In der argentinischen Pampa bilden heftige Regenfälle oft flache, stehende Gewässer, die in den darauffolgenden Trockenperioden wieder austrocknen.
Eigentlich dürften in diesen Gewässern gar keine Fische existieren, denn bei dem ständigen Wechsel zwischen Regen- und Trockenzeit müßte der gesamte Fischbestand umkommen. Die Natur hat jedoch einen Trick gefunden, um auch hier den Fischen das Überleben zu ermöglichen: Die Saisonfische legen ihre Eier im Bodengrund ab und sorgen so für den Fortbestand ihrer Art.
Trocknet nun das Gewässer aus, so sterben zwar die Fische, doch bereits in der darauffolgenden Regenzeit schlüpft die nächste Generation, denn sobald die Feuchtigkeit des Bodens ein bestimmtes Maß übersteigt, wird der Wachstumsprozeß der Embryos angeregt.
Hier fragt man sich, wie die Fische überhaupt in diese weit voneinander entfernten Tümpel geraten; über das Land wandern können sie ja nicht. Des Rätsels Lösung: Sie machen ihre Reise mit Vögeln, die gerne in den stehenden Gewässern baden und dann die an ihrem Gefieder haften gebliebenen Eier „zu neuen Ufern“ tragen.

Der Tropenfisch, den's in die Berge zieht

Expeditions-Episode

„Bekannte hatten mir erzählt, daß im Hochland von Peru und Bolivien, also in Höhen zwischen 3700 und über 4000 m über dem Meeresspiegel, ein noch sehr rätselhafter Killifisch aus der Gattung der *Orestias* vorkommen sollte. *Orestias* bedeutet übrigens soviel wie „Bergnymphe". Es handelt sich um einen Fisch, der bisher noch nicht im Aquarium gehalten wurde. Die Vertreter dieser Gattung sind vermutlich die „Höhenrekordler" unter den Fischen.

Ich beschloß, meinen nächsten Urlaub am Titicacasee, mit 3810 m über dem Meeresspiegel das höchstgelegene Binnengewässer unserer Erde, zu verbringen, um dort diesen seltenen Fisch zu suchen.

Es war Mitte Januar, als ich vom Titicacasee in Richtung Norden aufbrach. Die Fahrt mit dem klapprigen Jeep über Stock und Stein trug nicht gerade dazu bei, meine Laune zu fördern, und schon nach einer Stunde Fahrt tat mir jeder Knochen weh. Aber als wir auf den ersten Wasserlauf stießen – einen kleinen Fluß, der in den Titicacasee mündet und verheißungsvolle, tiefere Stellen in den Windungen aufweist –, waren diese Leiden schon halb vergessen. Wer beschreibt mein Erstaunen, als schon nach wenigen Minuten der erste Fisch ins Netz ging. Es handelte sich zwar nicht um den gesuchten Killifisch, sondern um einen noch nicht näher bestimmten Wels (*Trichomycterus spec.*). Dieser erste Fang stimmte doch zumindest hoffnungsvoll.

Gegen Mittag erreichten wir die Stelle, an der mehrere flache, ste-

bereits so weit ausgebreitet, daß man Killifische heute in fast allen gemäßigten bis tropischen Regionen der Erde, mit Ausnahme Australiens, antreffen kann.

Am wohlsten fühlen sie sich in Afrika und Amerika, wobei sie sich hier im Norden bis zur Ostküste Kanadas und im Süden bis in die argentinische Pampa bzw. in den Süden Afrikas vorgekämpft haben. Killifische sind – wie der Guppy – hart im Nehmen und kommen sogar mit nahezu lebensfeindlichen Umweltbedingungen zurecht. Dazu gehören beispielsweise die heißen Quellen der Wüstengebiete im südwestlichen Nordamerika oder die regelmäßig austrocknenden Gewässer in den tropischen und subtropischen Savannen. Aber auch in unseren europäischen Gewässern, in Spanien und der Türkei, leben Killifische.

Ein „Standardgewässer" für diese Fische gibt es also nicht. Meist sind es aber flache Gewässer mit geringer oder noch besser mit gar keiner Strömung.

Der Boß liebt's bunt

Im Gegensatz zu den Menschen, bei denen sich die Herren in den Chefetagen gern grau und konservativ kleiden, erkennt man die „Führungspersönlichkeiten" der Killifische an ihrem bunten Gewand.

Besonders schön sieht man dies bei den Männchen der Prachtgrundkärpflinge (Gattung *Nothobranchius*), deren Häuptlinge eine Prachtfärbung tragen. Im Vergleich dazu sehen die rangniedrigeren Tiere wie graue Mäuse aus. Das unscheinbare Äußere hat aber auch seine Vorteile: Es ist ein guter Schutz gegen die Aggressivität der stärkeren Aquariengenossen, denn auffallende Farben lösen bei diesen Fischen den Wunsch nach einem Kräftemessen aus, das nicht immer mit einer friedlichen Regelung endet.

Jeder Fisch muß sich seinen Platz im Aquarium erst erkämpfen.

Diese „Rangeleien“ laufen nach festen Regeln ab. Die Herausforderung beginnt damit, daß die Fische mit gespreizten Flossen aufeinander zuschwimmen, sich lauernd umkreisen und dabei förmlich ihre „Muskeln“, sprich Flossen spielen lassen. Oft ergreift schon in dieser Phase einer der Rivalen die Flucht, wenn er merkt, daß er an einen stärkeren Gegner geraten ist.

Macht keiner der beiden Kämpfer einen Rückzieher, geht der Wettstreit in die nächste Runde: Die Fische bleiben Seite an Seite stehen und versuchen, den Mitstreiter mit abgespreizten Kiemendeckeln einzuschüchtern. Die Flossen sind zum Zerreißen gespannt, was im Übereifer durchaus auch passieren kann. Mit weit aufgerissenem Maul, zeigt man dem Gegner „Schau nur, wie groß ich bin!“.

Hat das alles noch nicht ausgereicht, dem Kontrahenten Furcht einzuflößen und ihn in die Flucht zu schlagen, kommt eine weitere Demonstration der Stärke: Die Fische krümmen sich und schleudern dem Gegner einen Wasserschwall entgegen, der ihm zeigen soll, zu welchen Kraftakten man imstande ist.

Meist reicht dieses Imponiergehabe schon völlig aus, dem Schwächeren der beiden Kampfhähne den Schneid abzukaufen. Dieser versucht dann meist, sich unbemerkt davonzustehlen, da ihm andernfalls sein Rivale folgt und arg zusetzt.

Durch Bepflanzung und entsprechende Einrichtung sollte deshalb stets dafür gesorgt werden, daß ausreichend Versteckmöglichkeiten zur Verfügung stehen.

Beim Kauf von Killifischen muß man darauf achten, daß in keinem Fall mehrere Männchen zusammen in einen Beutel kommen, sonst ist es sehr unwahrscheinlich, daß alle heil zu Hause eintreffen.

hende Gewässer Fischbestand der gesuchten Art vermuten ließen. Ich war ein wenig skeptisch, denn die Temperatur lag jetzt bei etwa 14° C. Auf dem Wasser, das am Morgen eine Temperatur von unter 5° C gehabt haben mochte, zeigte sich stellenweise eine Eisdecke, die – wie mein einheimischer Führer versicherte – am Morgen noch die gesamten Tümpelflächen überzogen haben mußte. Mit gedämpftem Enthusiasmus und in der kalten Gebirgsluft zitternd machte ich mich daran, die Gewässer zu untersuchen.

Mit Hilfe meines Fahrers durchstöberte ich die Tümpel, und bereits nach ca. 20 Minuten wurden wir fündig: Je ein männliches und ein weibliches Exemplar aus dieser mysteriösen Killifisch-Art namens *Orestias* fanden sich in unseren Netzen. Welch ein Triumph, wenn es uns gelingen würde, die beiden unversehrt mit nach Hause zu nehmen und womöglich gar zum Laichen zu animieren.

Leider erfüllte sich diese Erwartung nicht. War es die holprige Rückfahrt im Jeep, der anschließende Lufttransport, oder lag es daran, daß diese Fische einen bestimmten Rhythmus in der Wassertemperatur benötigen – jedenfalls kam das weibliche Exemplar schon tot auf dem Heimatflughafen in Deutschland an. Leider hatten auch alle Versuche, wenigstens den männlichen Partner zu retten, keinen Erfolg. Nach wenigen Stunden im sorgfältig überwachten Aquarium starb auch mein letztes Exemplar dieses seltenen Fisches.

Geblieben sind mir lediglich einige Belegfotos, zwei präparierte Killifische aus der Hochebene Perus, sowie der Wunsch, irgendwann einmal einen neuen Versuch zu starten. Wenn mir nicht einer der Leser zuvorkommen sollte.“

Kärpflinge im Briefkasten

Killifische findet man nicht nur auf fast allen Kontinenten dieser Erde, sondern manchmal auch im Briefkasten. Was nicht etwa heißen soll, daß sich bei anhaltenden Regenfällen und undichten Briefkästen hier Fischkulturen bilden können. Nein, ganz so einfach ist das nicht, aber Killifische sind Wasserbewohner, die man auch im Briefumschlag verschicken kann.
Natürlich nicht die ausgewachsenen Exemplare; die werden selbstverständlich in wassergefüllten Plastikbeuteln verschickt. Aber die Eier der Killifische lassen sich – in etwas feuchten Torf gebettet – in einem Plastik- oder Blechröhrchen bzw. -kästchen bequem verschikken, sogar per Luftpost in ferne Länder. Und dabei macht es nichts, wenn sich die Post mal ein wenig mehr Zeit läßt, denn die Eier halten sich etwa drei Monate lang.
Der Empfänger gibt die Eier in ein Aufzuchtbecken, das möglichst sauerstoffarmes Wasser enthalten sollte. Erfahrene Züchter streuen immer etwas Flockenfutter auf das Wasser, damit sich Infusorien (Kleinstlebewesen), die den Sauerstoff verbrauchen, entwickeln können. Die Jungfische schlüpfen schon nach wenigen Stunden und ziehen im Schwarm durch das Aquarium.

Er schwärmt für Schwärme

Erwachsene Killifische sind eher Individualisten und daher Einzelgänger. Ganz anders die Jungfische: Sie lieben es, mit möglichst vielen Altersgenossen die Gegend unsicher zu machen; oder besser, für sich sicher zu machen, denn der Aufenthalt im Schwarm bietet dem angreifbaren Nachwuchs die besten Überlebenschancen vor Freßfeinden.

Ein Einzelgänger hätte da weit weniger Chancen, heil davonzukommen.

Auch gegenüber Feinden, die wesentlich größer sind als ihr bevorzugtes Nahrungsmittel, bietet der Schwarm die besten Aussichten zum Überleben. Einem Wasservogel beispielsweise fällt es relativ leicht, sich auf ein einziges Opfer zu konzentrieren. Hat er es aber mit einem durcheinanderquirlenden Schwarm junger Fische zu tun, weiß er gar nicht mehr, wo ihm der Kopf steht. Die Trefferquote wird so erheblich verringert, und oft genug muß der enttäuschte Vogel mit leerem Schnabel wieder auftauchen.

Auch wenn der erwachsene Killifisch ein Individualist ist, heißt das noch lange nicht, daß er ein ganzes Aquarium für sich allein beansprucht. Gegen Gesellschaft hat er durchaus nichts einzuwenden, und mit Kardinalfischen (*Tanichthys albonubes*), Sichelfleckpanzerwelsen (*Corydoras hastatus*), Roten Feuersalmlern (*Hyphesso-*

brycon spec.) oder Brillantsalmlern kann er sehr wohl eine harmonische Wohngemeinschaft eingehen.

Als Dekoration sind bei Fischen und Aquarianern Moorkienholz und Lavasteine äußerst beliebt. Dunkler Sand oder feinkörniger, dunkler Kies als Bodengrund bringt die lebhaften Farben der Fische am schönsten zur Geltung.

Wer einen Saisonfisch, beispielsweise Palmquists Prachtgrundkärpfling, artgerecht halten und züchten möchte, muß bei der Einrichtung des Aquariums die besonderen Bedürfnisse dieser kleinen Überlebenskünstler berücksichtigen.

Sie benötigen eine 5 bis 10 cm dicke Torfschicht, in die sie zum Ablaichen eindringen können. Bevor der Torf ins Aquarium kommt, wird er zehn Minuten lang ausgekocht und unter fließendem Wasser so lange gespült, bis das Wasser klar ist.

Nachdem die Tiere abgelaicht haben, wird der Torf mit den Eiern aus dem Aquarium genommen, ausgedrückt und in einem Plastikbeutel bei etwas 18° C aufbewahrt. Die Eier brauchen, wie in der Natur, eine Ruhepause (in diesem Falle vier bis sechs Monate). Danach wird der Torf mit temperiertem Wasser aufgegossen. Bei den meisten Arten schlüpfen die Larven schon nach wenigen Stunden und beleben das Aquarium.

Der Tip des Hobby-Aquarianers

Mit Musik geht alles besser ...

„Ich habe gelesen, daß manche Musik auf das Pflanzenwachstum anregend wirkt und daß Kühe bei Musikberieselung mehr Milch geben. Ich dachte: „Das probierst du mal bei deinen Killifischen aus".

Also, Punk, Hard Rock und Heavy Metal konnten die Fische gar nicht ab. Aber als ich ihnen dann ein Stück von Pink Floyd vorgespielt habe – eine ruhige, getragene Musik, fast wie Meditationsmusik – ist etwas ganz Verrücktes passiert: Meine Killifische begannen sofort zu balzen und zu laichen. Ich habe das dann noch ein paarmal versucht, und es ist immer wieder dasselbe passiert. Irgendwie scheinen solch gleichmäßige Schwingungen, die sich ja durch das Aquarienwasser perfekt übertragen, enorm anregend zu wirken.

Als nächstes will ich's mal mit Bach oder Vivaldi probieren. Das verspricht auch recht interessant zu werden."

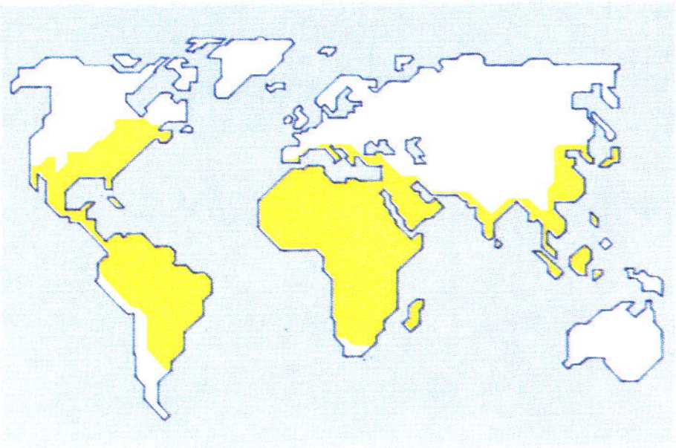

Die Verbreitungsgebiete der Killifische

Die Fische

2.2 Querbandhechtlinge (1)
Epiplatys chaperi
oder
2.2 Kap Lopez (2)
Aphyosemion australe
6 Kardinalfische (3)
Tanichthys albonubes
4 Sichelfleckpanzerwelse (4)
Corydoras hastatus
4 Brillantsalmler (5)
Moenkhausia pittieri
oder
4 Rote Feuersalmler
Hypessobrycon spec.

Die Pflanzen

6 Rotes Tausendblatt (A)
Myriophyllum mattogrossense
10 Großes Fettblatt (B)
Bacopa caroliniana
5 Großer Wasserfreund (C)
Hygrophila corymbosa
5 Seegrasblättriges Trugkölbchen (D)
Heteranthera zosterifolia
5 Siamesischer Wasserkelch (E)
Cryptocoryne siamensis
oder
5 Wendt'scher Wasserkelch (E)
Cryptocoryne wendtii
10 Walkers Wasserkelch (F)
Cryptocoryne walkeri
oder
Kleiner Wasserkelch (F)
Cryptocoryne willisii
1–2 Muschelblume (G)
Pistia stratiotes
oder
Teichlebermoos (H)
Riccia fluitans

Aquarium für Killifische

Die Killifische sind in ihrer Jugend sehr gesellige Tiere und schwimmen gerne in kleinen Schwärmen umher. Aber mit zunehmendem Alter werden besonders die Männchen zu richtigen Einzelgängern und geraten im Streit oft heftig aneinander. Auslöser für die Kämpfe ist das Farbkleid des Kontrahenten. Besonders beobachtenswert ist das Balz- und Ablaichverhalten dieser Fische. Viele Killifische können sich generationenlang in Gegenden mit extremen Lebensbedingungen halten. Sie sind sogenannte Saisonfische, deren Eier das Austrocknen der Gewässer überstehen. Man kann die Eier dieser Fische sogar mit der Post ver-

schicken und am Ankunftsort ganze Aquarien bevölkern – eine reizvolle Aufzuchtvariante für den Hobby-Aquarianer. Bei der Pflege dieser prachtvoll gefärbten Fische gibt es eine Menge zu sehen und zu lernen: Langeweile wird ein Fremdwort bleiben ...

Das Aquarium

50 × 25 × 29 cm (36 Liter)

Die Dekoration

Moorkienholz und Lavasteine, dunkler Sand oder dunkler feinkörniger Kies.

Die Technik

Lufbetriebener Schaumstoffilter; Beleuchtung mit 1 Leuchstoffröhre; geregelte Heizung (50 Watt).

Die Wasserwerte

Temperatur: 24 – 26° Celsius
pH-Wert: 7–7,5
Gesamthärte: 4–10° dH
Leitungswasser mit Wasseraufbereitungsmittel; regelmäßiger Teilwasserwechsel (10%) mit entsprechender Nachdüngung und Wasseraufbereitung.

Raufbolde und Schürzenjäger – die Cichliden

Tropische Cichliden oder Buntbarsche sind nahe Verwandte unserer einheimischen Barsche. Während letztere in unseren Landen eher als Speisefische bekannt geworden sind, haben die tropischen Buntbarsche wegen ihrer schier unerschöpflichen Farben- und Formenvielfalt bei Aquarianern Berühmtheit erlangt.

Vom Rio Meta stammt Aequidens metae; das Männchen (oben) unterscheidet sich durch die länger ausgezogenen Flossen vom Weibchen.

Die Cichliden machen aber nicht nur deshalb von sich reden, sondern auch wegen ihres Verhaltens: Nicht alle Cichliden sind friedlich – im Gegenteil, sie liefern sich untereinander oft heftige Gefechte, und nicht immer sind es nur Scheingefechte. In Einzelfällen, besonders bei nicht artgerechter Haltung, können diese Kämpfe sogar zum Tod des unterlegenen Kontrahenten führen. Durch geeignete Rückzugmöglichkeiten

für den schwächeren Gegner und nicht zu enge Unterbringung im Aquarium läßt sich diese Gefahr auf ein Minimum reduzieren.

Ein Pärchen des Purpurprachtbarsches Pelvicachromis pulcher (oben Männchen, unten Weibchen).

Eine große Gruppe von Aquarianern hat die Cichliden gerade wegen ihres rauhbeinigen Verhaltens ins Herz geschlossen, lassen doch die festen Kampfrituale und -regeln der Buntbarsche immer wieder interessante Beobachtungen zu. Wer einmal beobachtet hat, wie selbst ein Winzling (Cichliden gibt es von 3-cm-Zwergen bis zu Prachtexemplaren von einem halben Meter Körperlänge) einen wesentlich größeren Eindringling attackiert und aus seinem Revier vertreibt, wird unwillkürlich Respekt vor dem Mut dieses kleinen Kämpfers bekommen.
So unerbittlich sich das Cichlidenmännchen bei der Verteidigung seines Reviers zeigt, so unermüdlich ist es beim Minnedienst. Manche sind gar so erfolgreich, daß sie einen ganzen Harem um sich versammelt haben. Erfolgreiche Schürzenjäger müssen allerdings nicht gleichzeitig auch Kavaliere sein; Cichliden sind es häufig nicht: Zeigt sich ein Weibchen ihren Anträgen abgeneigt, wird es mit heftigen Attacken aus dem Revier gescheucht.

Paradies mit kahlen Wänden

Mit zwei Gruppen von Cichliden befassen wir uns einmal näher. Die eine hat sich als Heimat die Gewässer der Regenwälder Südamerikas auserkoren, die Wahl der anderen fiel bereits vor Jahrtausenden auf die ostafrikanischen Binnengewässer. (Es gibt zwar auch in Asien Buntbarsche, diese werden jedoch im Zoofachhandel nur selten angeboten.)
Fangen wir mit den afrikanischen Cichliden an. Ihr Lebensraum sind die beiden für die Aquaristik bedeutendsten Seen, der in den Staaten Malawi, Tansania und Moçambique gelegene Malawisee (Njassasee) und der Tanganjikasee zwischen Tansania und Zaire. Beide Gewässer beherbergen einmalige Cichliden-Arten. Seinen Grund hat dies in der erdgeschichtlichen Entwicklung.

Nach Schätzung der Experten ist der Malawisee vor ein bis zwei Millionen Jahren entstanden. Jedem „richtigen“ Aquarianer ist der Name dieses drittgrößten Sees Ostafrikas, der mit einer Fläche von 30 800 qkm fünfzigmal so groß ist wie der Bodensee, ein Begriff. Aber nicht die Größe macht ihn für Aquarienfreunde so interessant. Vielmehr ist es die Tatsache, daß dieses Binnengewässer in dem langen Zeitraum, in dem es ohne jede Verbindung zu anderen fließenden oder stehenden Gewässern war (heute verfügt es über einen Abfluß zum Sambesi), Fischarten hervorgebracht hat, die auf der Welt einzigartig sind und deren höchst eigenwillige Lebensbedingungen zu ganz spezialisierten Verhaltensweisen geführt haben.

Aber machen wir doch einmal eine gemeinsame Tauch-Exkursion in das klare Wasser des Malawisees. Taucherbrille, Schnorchel und Flossen dabei? Prima, dann kann's ja losgehen. Schön warm ist das Wasser auch, denn 25 bis 30° C hat es hier allemal, und tadellose Sichtweite (bis zu 20 m) kann auch nicht jedes Gewässer bieten. Und da – direkt in Ufernähe – haben wir ja auch schon die ersten Fische. Die Eingeborenen nennen sie „mbuna“, was soviel wie „Felsenfisch“ bedeutet. Von den bunten Kerlchen gibt es eine ganze Menge, und nicht umsonst nennt man den See „das schönste Aquarium Afrikas“.

Eine Besonderheit fällt ins Auge: Es gibt hier so gut wie keine Pflanzen. Verwunderlich ist das nicht, denn auf den kahlen Steinen, die den Boden des Sees bedecken, kann auch die begabteste Wurzel keinen Halt finden. In den paar sandbedeckten Uferbereichen, die es hier gibt, sieht's auch nicht viel besser aus, denn dort ist die Brandung meist viel zu stark. Das glitschige Zeug auf den Steinen sind Algen. In ihnen leben jede Menge Kleinstlebewesen, wie Insektenlarven, Krebschen und ähnliches, die ideale Nahrung für unsere Cichliden.

Verschiedene farbenprächtige Malawisee-Cichliden im Aquarium

Ein Tip zur Dekoration

Auch beim Malawisee-Aquarium gilt wieder, daß die herrlichen Farben der Fische gegen einen dunklen Hintergrund besonders gut zur Wirkung kommen. Ideal sind dunkle Lavasteine, die mit Siliconkleber sorgfältig verbunden werden müssen. Bitte die scharfen Kanten vorher mit einer Feile abrunden, um Verletzungen zu vermeiden, und die geklebten Steine zwei Tage wässern, damit die Giftstoffe des Klebers nicht erst im Aquarium entweichen.

Übrigens sind die Malawisee-Cichliden Maulbrüter, denn hier gibt es genug „Kollegen", die gegen ein Frühstücksei durchaus nichts einzuwenden haben. Das Maulbrüten ist eine besonders effektive Form der Brutpflege; hier im Malawisee ist der Konkurrenzdruck unter den Fischen sehr groß, und die meisten Eier würden von den anderen schnell weggefressen. Viele Mbuna-Cichliden legen daher nur wenige Eier, manche sogar nur zwei oder drei, die sie sofort ins Maul nehmen, aus dem die Jungfische erst entlassen werden, wenn sie schon relativ groß sind. Das verlustreiche Larvenstadium wird damit geschickt übersprungen.

So, genug für heute, wir tauchen wieder auf.

Malawisee-Cichliden – da kommt Action ins Aquarium

Malawisee-Cichliden sollten möglichst schon in ihrer Jugend zusammen ins Aquarium kommen. Die heranwachsenden Fische besetzen dann recht schnell ihre Reviere und machen ihre Rangordnung ohne große Streitereien untereinander aus.

Im Mbuna-Aquarium ist ohnehin immer etwas los. Das Aquarium muß möglichst groß sein, bei der folgenden Besetzung mindestens 160 l. Unbestrittene Stars sind der „Rote" Zebra (*Pseudotropheus spec.aff. zebra*) und der Türkisgoldbarsch (*Melanochromis auratus*). An der Reviergrenze dieser beiden Vertreter kommt es des öfteren zu Grenz-Zwischenfällen. Meist wird nur gedroht: Durch minutenlanges Hin- und Herpendeln und mit weit aufgerissenen Mäuler versuchen die beiden Streithähne, sich einzuschüchtern. Ab und zu kommt

Sehr gut kann man bei erwachsenen Türkisgoldbarschen das größere, dunkel gefärbte Männchen (oben) vom Weibchen unterscheiden.

es auch zu Tätlichkeiten. Da wird geschubst, geschoben und gezerrt, daß es eine wahre Pracht ist.
Glücklicherweise sind die Kontrahenten in der Regel gleich stark, so daß es zum Unentschieden kommt – worauf sich die beiden wieder in ihre Reviere zurückziehen. Zur Gesellschaft bekommen sie zwei Blaue Antennenwelse, hervorragende Algenfresser.

Maul- und Frauenhelden

Im Malawisee herrscht in den einzelnen Territorien Frauenüberschuß. Das kommt daher, daß die stärksten Männchen, die immer mehrere Weibchen haben, ihre Territorien gegen Eindringlinge heftig verteidigen. Die Weibchen betreuen ihre Brut, während der Herr des Hauses seine Gunst bereits anderen Schönheiten widmet. Weibchen, die nicht bereitwillig auf seine Werbung eingehen, werden unbarmherzig verjagt. Aber auch die Weibchen untereinander sind oft alles andere als friedlich. Da bewährt es sich im Aquarium schon, wenn man als „Unparteiische“ andere Mbuna-Arten dazusetzt. Meist gelingt es diesen, die Aufmerksamkeit der Streithähne aus einer Art auf sich zu lenken, und deren Aggressionen abzubauen.
Jungfische sind vor Angriffen wirkungsvoll geschützt: Sie besitzen noch nicht die farbigen Signalstreifen, welche bei erwachsenen Cichliden Zornausbrüche auslösen. Besonders beim Zebrabuntbarsch gibt es, neben der blauen Form, noch zahlreiche Farbvarianten im Malawisee. Diese bunte Kollektion entsteht durch die Kombination der Erbanlagen der Elterntiere.
Bei der Balz zeigen die Cichliden ein Wechselspiel von typischen Verhaltensweisen: Das etwas buntere Männchen versucht, seiner Auserwählten zu imponieren. Diese schaut brav zu, bis er sie durch Kopfrucken zur Initiative ermuntert. Sie stellt sich daraufhin quer

Was Süßwasserfischen die Freude am Meer versalzt

Ein im Meer lebender Fisch kann in Süßwasser ebensowenig überleben wie ein Flußfisch, der ins Meer geworfen wird. Die gemeinsame Pflege von Süß- und Meerwasserfischen in einem Aquarium ist nicht möglich. Warum eigentlich nicht?
Die Erklärung hierfür ist eigentlich recht einfach: Fische trinken nicht; sie nehmen ihren Flüssigkeitsbedarf durch einen „Osmose“ genannten Vorgang über die Haut auf. Wieviel Wasser sie nun dabei zu sich nehmen, hängt vom Salzgehalt ihres Körpers und des sie umgebenden Wassers ab. Normalerweise ist die Mineralienkonzentration im Körper des Fisches auf die Sättigung des Wassers mit Salzen abgestimmt; Gewebe und Blut der Süßwasserfische enthalten demnach weniger Salz als dies bei Meeresfischen der Fall ist.
Verschlägt es nun einen Süßwasserfisch ins Meer, gibt sein Körper Wasser ab, bis der Salzgehalt in einem ausgewogenen Verhältnis zu dem des Umgebungswassers steht. Das bedeutet, daß der Fisch innerlich regelrecht „austrocknet“.
Im umgekehrten Fall, dem in Süßwasser geratenen Meeresbewohner, wird zur Herabsetzung des Salzgehaltes vom Körper so viel Wasser aufgenommen, daß der Fisch fast platzt. Zwar passiert dies nicht wirklich, aber überleben kann er einen derart hohen Druck in den Zellen nicht.
Der Traum vom „gemischten Aquarium“ wird also bis auf weiteres ein Traum bleiben.

in seine Bahn, was ihn dazu bringt, vor Begeisterung die Flossen zu spreizen und mit dem typischen Cichliden-„Rütteln“ zu beginnen. Hierdurch lockt das Männchen das Weibchen zum Ablaichplatz.

Nach mehrfachem Scheinlaichen kommt es dann zur Paarung und Eiablage. Unmittelbar nach dem Ablaichen nimmt das Weibchen die abgelegten Eier ins Maul. Auf der Afterflosse des Männchens befinden sich sogenannte Eiflecken, die den tatsächlichen Eiern täuschend ähnlich sind. Das Weibchen schwimmt hinter dem Männchen her und versucht diese „Eier“ aufzunehmen. Jetzt gibt das Männchen sein Sperma ab und befruchtet die Eier im Maul des Weibchens.

Während der Brutzeit sollte die Wassertemperatur 27° C nicht unterschreiten. Nach etwa 3 Wochen haben sich aus den Eiern, welche die Mutter während der gesamten Zeit im Maul aufbewahrt, Jungtiere entwickelt, bei manchen Arten bis zu 40 an der Zahl. Jetzt werden sie in die Freiheit entlassen. Hunger haben sie bis dahin nicht leiden müssen: Wissenschaftler haben nachgewiesen, daß die Jungfische bereits im Maul der Mutter Nahrung (frischgeschlüpfte Salinenkrebse) aufnehmen.

Ein orangefarbenes Männchen des „Roten“ Zebra-Maulbrüters

Die gescheckte Form des „Roten“ Zebra-Maulbrüters

Auch diese blaue Spezies ist ein „Roter“ Zebra-Maulbrüter

Der Blaue Zebra-Maulbrüter

Die Fische

2.4 „Roter“ Zebra (1)
Pseudotropheus spec. aff. zebra
2.3 Türkisgoldbarsch (2)
Melanchromis auratus
2 Blaue Antennenwelse (3)
Ancistrus dolichopterus

Die Pflanzen

30 Stengel Gemeines Hornblatt (A)
Ceratophyllum demersum

Aquarium für Malawisee-Cichliden

Nicht „Husch, husch ins Körbchen“, sondern „Husch, husch ins Mäulchen“ lautet die Devise des Nachwuchses der Malawisee-Cichliden.
Bei diesen Buntbarschen werden die befruchteten Eier vom Weibchen im Maul ausgebrütet. Sobald die Jungfische geschlüpft sind, werden sie einfach ausgespuckt.
Bei besonders gutmütigen Buntbarschmüttern kann man hin und wieder beobachten, daß sie bei Gefahr die ganze Kinderschar im Maul in Sicherheit bringen.

Die Männchen zeigen ihren Revierbesitz durch prachtvolle Farben an. Eindringlingen wird kein Pardon gewährt. Die Männchen des eigenen Nachwuchses entgehen dem Zorn des Revierbesitzers nur dadurch, daß sie eine Jungtierfärbung tragen, die dem Farbkleid der Weibchen ähnelt.
Eine entsprechende Felsdekoration zeigt, zusammen mit den Insassen, einen kleinen Ausschnitt der Natur, wie er auch in den Uferzonen des Malawisees aussehen könnte.

Das Aquarium

100 × 40 × 40 cm (160 Liter)

Die Dekoration

Große Lavabrocken (möglichst mit Höhlen und Löchern). Kleinere Lavabrocken mit Silikonkleber verkleben, so daß Höhlen und andere Versteckmöglichkeiten entstehen.

Die Technik

Motorbetriebener Außenfilter; Beleuchtung mit 1 Leuchstoffröhre; geregelte Heizung (150–200 Watt).

Die Wasserwerte

Temperatur: 24 – 26° Celsius
pH-Wert: 7.5 – 7.8
GH: 10 – 20° dH
Leitungswasser mit Wasseraufbereitungsmittel. Regelmäßiger Teilwasserwechsel (10%) mit entsprechender Wasseraufbereitung.

Bunte Truppe aus dem Schwarzen Kontinent: die Tanganjikasee-Cichliden

Nordwestlich des Malawisees liegt ein anderer großer Binnensee, der dem Malawisee bezüglich der Attraktivität seiner Wasserbewohner Konkurrenz machen kann: der Tanganjikasee. Hier finden die Fische ähnliche Wasser- und Umgebungsbedingungen wie im Malawisee.

Während man in diesem fast ausschließlich Maulbrüter vorfindet, sind die *Julidochromis*-Arten des Tanganjikasees überwiegend Höhlenbrüter, deren bevorzugte Laichplätze 2 bis 3 cm breite, senkrechte Felsspalten sind. Daran sollte man bei der Einrichtung des Aquariums denken. Während der Laichzeit möchten die Fische nicht gestört werden, da es sonst schnell zu Raufereien kommen kann.

Eine Attraktion für jeden Aquarianer ist der Schneckenbuntbarsch (*Lamprologus brevis*). Dieser kleine Höhlenbrüter mag Schnecken, genauer gesagt, leerstehende Schneckenhäuser, in die er mit Vorliebe als Hausbesetzer einzieht. Aus diesem Grund führt er den Namen „Schneckenbuntbarsch". Ein paar leere, gut gereinigte Häuser der Weinbergschnecke, finden seine uneingeschränkte Zustimmung. Eindringlinge sieht er nicht sehr gern in seinem Revier; selbst vor größeren Burschen hat er keinen Respekt und beißt sie schmerzhaft in den Bauch. Bevor diese begreifen, wie ihnen geschieht, hat sich der unerschrockene kleine Kämpfer bereits wieder aus dem Staub gemacht.

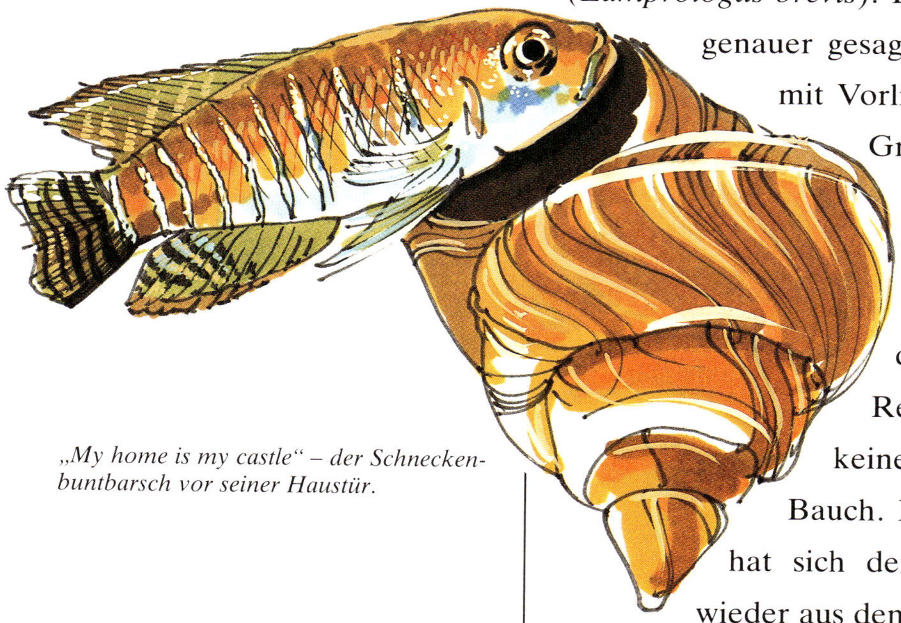

„My home is my castle" – der Schneckenbuntbarsch vor seiner Haustür.

„My home is my castle" lautet die Devise dieses Winzlings, der sich mit seinen Schwanzflossen so geschickt im Schneckenhaus verkeilt, daß man ihn nicht herausbekommt. In dieses Schneckenhaus legen die Fische auch ihren Laich ab, und die Jungen bleiben nach dem Ausschlüpfen noch einige Zeit darin: das Schneckenhaus als Kinderstube.

Im Tanganjikasee gibt es auch Maulbrüter: die Tropheus-Arten, die den Mbuna-Cichliden des Malawisees sehr stark ähneln. Die Männchen des Brabantbuntbarsches (*Tropheus moorii*) sind sehr aggressiv, so daß man im Aquarium immer nur ein Männchen mit einem kleinen Harem einsetzen sollte. Allerdings werden diese Fische nicht so häufig importiert. Leichter bekommt man den Weißpunkt-Brabantbuntbarsch (*Tropheus duboisi*), der mit einem Pärchen des Vierstreifen-Schlankcichliden (*Julidochromis regani*) vergesellschaftet werden kann.

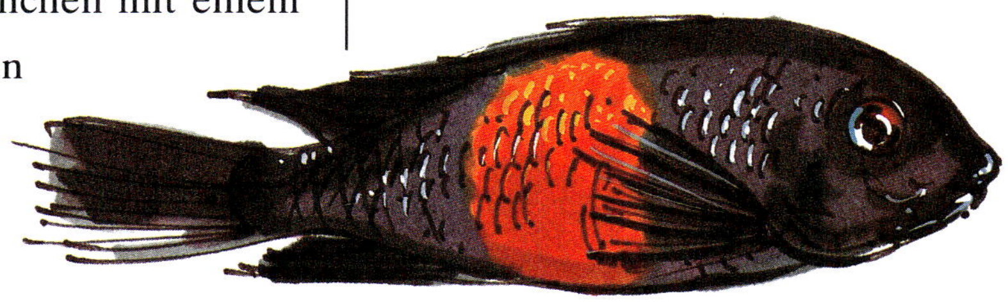

Die orangefarbene Variante des Brabantbuntbarsches

Der Weißpunkt-Brabantbuntbarsch

Julidochromis dickfeldi, ein Schlankcichlide aus dem Tanganjikasee.

Im Regenwald wird der Cichlide selten alt

Das Amazonasgebiet ist ein Eldorado für Wissenschaftler und Abenteurer. Hier, im tropischen Regenwald Brasiliens, windet sich der zweitgrößte Fluß der Erde, der 6400 km lange Amazonas, der nahezu die gesamte Breite Südamerikas durchzieht.

Wenn während der Regenzeit die Wassermassen tagelang ununterbrochen vom Himmel fallen, steigt das Wasser des Amazonas und seiner zahlreichen Nebenflüsse sehr stark an. Wer sich dorthin wagt, braucht neben Tropenerfahrung, guter Ausrüstung und Kondition vor allem auch einen Einbaum, wie ihn die Indios bereits seit Jahrhunderten benutzen; damit kommt man dann auch gut in die kleinen Nebenarme, wo Boote mit größerem Tiefgang auflaufen würden.

Neben den geschilderten Voraussetzungen gehört auch ein wenig Mut dazu, sich in diese, zum Teil noch unerforschten Regionen zu begeben. Gefahren lauern allenthalben, z. B. in Form von als treibende Baumstämme getarnten Krokodilen, riesigen Schlangen, Spinnen aller Größen, giftigen Raupen – und: Piranhas. Womit wir wieder bei den Fischen wären.

Über Piranhas muß ja nicht mehr gesprochen werden, sie sind bereits hinlänglich bekannt. Aber wie man weiß, gibt es hier ja nicht nur Piranhas. Was nicht weiter verwunderlich ist, findet doch hier fast jeder Fisch, was er braucht.

Ein typischer Cichlidenbiotop im südamerikanischen tropischen Regenwald.

Das fängt schon beim Wasser an. Da gibt es einmal die Weißwasserflüsse, die trotz ihres Namens von Schlammpartikeln bis zur Undurchsichtigkeit getrübt sind. Im Gegensatz dazu trägt ein Schwarzwasserfluß wie der Rio Negro („Schwarzer Fluß") in Brasilien seinen Namen durchaus zu Recht, denn pflanzliche Abfallstoffe färben sein Wasser tiefbraun bis schwarz. Trotzdem herrschen in diesen teerfarbenen Fluten recht gute Sichtbedingungen. Noch mehr von der Unterwasserwelt erkennt man allerdings in den Klar-

beeindruckte die Kleinen nun mal am stärksten.
Solche Experimente kann natürlich jeder Aquarianer durchführen. Etwas Geduld, die Untersuchungen systematisch durchzuführen und die Ergebnisse miteinander zu vergleichen, gehört dazu. Zuviel Geduld sollte man allerdings auch wieder nicht an den Tag legen, denn allzu lange darf man die Fische bei der Brutpflege nicht stören."

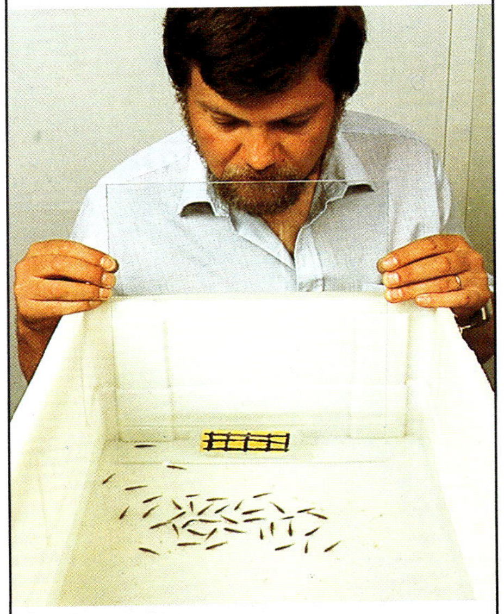

Welche Merkmale der Eltern lösen eine Nachfolgereaktion der Jungfische aus? Schon eine Farbattrappe kann die Frage beantworten.

sem Bodengrund zeigen die Fische ihre schönsten Farben. Für Verstecke und Laichplätze sind sie äußerst dankbar. Als Dekoration dienen Moorkienwurzeln und Steine, keinesfalls jedoch Kalksteine, denn diese Cichliden bevorzugen weiches, kalkarmes Wasser. Bei zu hartem Wasser, was in diesem Fall Härtegrade über 18° dH bedeutet, fühlen sie sich nicht so wohl. Überhaupt nehmen es diese Buntbarsche mit dem Wasser sehr genau: ein leistungsstarker Filter und regelmäßiger Teilwasserwechsel sind dringend anzuraten, denn diese relativ großen Burschen fressen eine Menge, und belasten deshalb das Wasser wesentlich stärker mit ihren Ausscheidungen als kleinere Fische. Die Wassertemperatur sollte zwischen 25 und 27° C liegen.

Ein von Aussehen und Verhalten sehr interessanter afrikanischer Regenwaldcichlide ist der Buckelkopfbuntbarsch oder Helmcichlide (*Steatocranus casuarius*). Das Männchen ist mit seinem mächtigen Fettpolster auf der Stirn deutlich vom Weibchen zu unterscheiden. Er ist ein Höhlenbrüter, der intensive Brutpflege betreibt und eine „Vater-Mutter-Familie" bildet.

Im Gegensatz hierzu ist der Rote Cichlide (*Hemichromis bimaculatus*) ein Offenbrüter, der auf einem vorher intensiv geputzten Stein ablaicht. Die Eier und die Jungfische werden in vorbereitete Gruben gebracht und mehrmals umgebettet. Zu diesen beiden Buntbarschen passen der Kongosalmler (*Phenacogrammus interruptus*) und unser Algenspezialist, der Blaue Antennenwels, ausgezeichnet. Das ungewöhnliche Schwimmverhalten des Rückenschwimmenden Kongowelses haben wir bereits kennengelernt.

Was die Pflanzen angeht: In ihrem natürlichen Lebensraum sind die afrikanischen Cichliden größere Pflanzen gewöhnt. Sie akzeptieren beispielsweise Afrikanische Hakenlilien, Afrikanische Speerblätter und Gemeines Hornblatt als Sichtschutz und Revierabgrenzung.

Es wird immer wieder behauptet, Cichliden seien Pflanzenfeinde,

wasserflüssen wie dem Rio Xingu oder dem Rio Trapajoz. Das Wasser dieser Flüsse ist sehr sauber und meist von leicht grünlicher Farbe.

Während der Regenzeit ist in all diesen Überschwemmungsgebieten genügend Platz und Nahrung für Fische und deren Nachwuchs vorhanden – verständlich, daß gerade diese Zeit zur Fortpflanzung genutzt wird. Während der anschließenden Trockenzeit sinkt der Wasserspiegel wieder so weit, daß in den kleineren Nebenarmen und Zuflüssen qualvolle Enge eintreten kann, denn inzwischen hat sich die Stammbesetzung um zahlreiche Nachwuchskräfte vermehrt, ist das Nahrungsangebot geringer geworden.

Jetzt ist die Stunde der Raubfische gekommen: Piranhas, Hechtsalmler, Raubsalmler und die Großcichliden finden nun einen üppig gedeckten Tisch. Nur wer sich rechtzeitig in Flachwasserzonen und schützende Uferbereiche zurückgezogen hat, kann jetzt seine Haut retten. Auch untereinander haben die Räuber nichts zu lachen: Am Schluß fressen die Großen die Kleinen.

Darum: Dem Cichliden geht's im Aquarium besser

Da jedoch die südamerikanischen Cichliden nicht so häufig eingeführt werden, schlagen wir ein Aquarium mit afrikanischen Regenwaldcichliden vor. Diese sind in ihren Verhaltensweisen ebenso interessant.

Cichliden bilden mit besonderer Vorliebe Reviere. Sie wissen es daher zu schätzen, wenn genügend Spielraum zur Verfügung steht: je größer das Aquarium, desto wohler fühlen sie sich. Eine Seitenlänge von 80 bis 100 cm sollte daher schon das Minimum sein. Der Cichlide steht auch nicht gern im Rampenlicht; er bekommt deshalb eine gedämpfte Beleuchtung.

Als Bodenbelag ist dunkler Kies wärmstens zu empfehlen; vor die-

Tips des Verhaltensforschers

Bei der Farbe der Mutter ist alles in Butter

„Bei der Aufzucht von Schachbrett-Cichliden (*Crenicara filamentosa*) hatte ich jedesmal erhebliche Probleme. Meist war innerhalb weniger Tage die gesamte Brut aufgefressen. Die einzige Lösung war, die Brut in einem separaten Bekken ohne das Muttertier aufzuziehen. Dabei konnte ich einige interessante Beobachtungen und Experimente machen. Bereits bei früheren Aufzuchten war mir aufgefallen, daß sich die Jungfische nur dann aus ihrer Deckung wagten, wenn sich das Muttertier näherte. Wurden sie allein gelassen, verkrümelten sie sich sofort wieder. Der Verdacht lag nahe, daß die Jungfische ihre Mutter an den charakteristischen Farben erkennen – und das wollte ich beweisen.

Den ersten Versuch machte ich mit kleinen farbigen Kunststoffgriffen von Schraubenziehern, die ich mit einer Pinzette ins Wasser hielt. Meine Vermutung bestätigte sich: Bei Schraubenziehern in Gelb und Rot – den Farben der Brustflossen, bzw. des Körpers der Mutter – kamen die Kleinen sofort vertrauensvoll angeschwommen. Auf andere Farben, wie zum Beispiel Braun, reagierten sie entweder gar nicht oder mit Flucht. Jetzt wollte ich noch wissen, ob sich die Jungfische bei einer Fischattrappe, die ich aus „Cernit" geformt, im Backofen bei 150–165° C gehärtet und anschließend mit giftfreien Farben entsprechend bemalt hatte, genauso verhielten. Besonders deutlich reagierte der Nachwuchs auf eine Attrappe mit gelb-schwarzer Zeichnung. Das Ebenbild der Frau Mama, die während der Versuche selbstverständlich in einem anderen Aquarium untergebracht war,

was jedoch nur von ungenügender Beobachtungsgabe zeugt. In Wahrheit verschaffen sich die Cichliden nur Platz, wenn ihnen die Flora zu dicht auf die Schuppen rückt. Auch beim „Putzen“ des Laichplatzes kann es schon mal vorkommen, daß eine im Weg stehende Pflanze mit Stumpf und Stiel „ver“-putzt wird. Der umsichtige Aquarianer bietet daher vorsorglich ein paar Wühlplätze und zum Laichen geeignete Höhlen und Unterstände an.

Der Rote Cichlide führt seinen Nachwuchs aus.

Verschworene Gesellschaft

Wer sich für südamerikanische Regenwaldcichliden interessiert, soll nicht zu kurz kommen. Auch hier gibt es viel zu beobachten.

Die Besetzung dieses Aquariums will sorgsam überlegt sein. Ist die Mannschaft erst einmal komplett, hat sich die Rangordnung unter den Fischen erst einmal etabliert, werden Neulinge als unwillkommene Eindringlinge betrachtet, angegriffen und oft schon nach kurzer Zeit vertrieben oder sogar getötet.

Der Sattelfleckbuntbarsch (*Acarichthys spec. conf. geayi*) ist ein Höhlenbrüter, der seine Eier in kleinen Höhlen, möglichst an der senkrechten Höhlenwand ablegt. Das sollte man bei der Einrichtung des Aquariums unbedingt berücksichtigen. Bei der Brutpflege und der Verteidigung des Geleges kommt jedem der beiden Partner eine festumrissene Aufgabe zu; eine klassische „Vater-Mutter-Familie“, wie der Biologe dies nennt. Ein weiteres Pärchen könnte von den Aequidens- oder von den vielen Cichlasoma-Arten dazukommen. Beide Arten sind Offenbrüter, die ihre Eier auf Steinen, Wurzeln oder in Gruben ablegen. Bei diesen Fischen sehen Männchen und Weibchen häufig nicht nur völlig identisch aus, ihnen kommen bei der Betreuung des Nachwuchses auch die gleichen Aufgaben zu, die sie abwechselnd verrichten. Der Biologe spricht daher von einer „Eltern-Familie“.

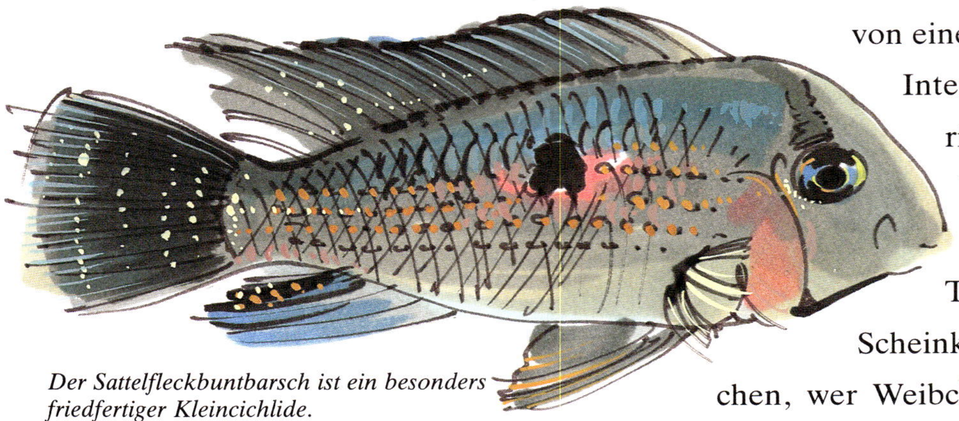

Der Sattelfleckbuntbarsch ist ein besonders friedfertiger Kleincichlide.

Interessanterweise hat nicht nur der Aquarianer Schwierigkeiten, Männchen und Weibchen auseinanderzuhalten; beim ersten Zusammentreffen fällt dies den Tieren selbst schwer. Erst nach einem Scheinkampf stellt sich heraus, wer hier Männchen, wer Weibchen ist. Die Freundschaft beginnt zwar recht rabiat, hält dafür jedoch um so länger: Meist bleiben die Fische für die gesamte Brutzeit, häufig sogar noch länger zusammen. Doch so weit sind wir noch nicht. Erst einmal stellt man sich durch Vorbeischwimmen gegenseitig vor. Anschließendes Kopfrucken sowie Kopf- und Körperzittern bedeuten, daß Interesse besteht, die Bekanntschaft zu vertiefen.

In der nächsten Phase des Kennenlernens wird Bodenmaterial ins Maul genommen und wieder ausgespuckt. Auf ähnliche Weise wird später auch der Laichplatz gesäubert.

Doch zunächst kommt das Führungsschwimmen, wobei der spätere Laichplatz ausgewählt wird. Übungshalber schwimmt man erst einmal zum Scheinlaichen dicht über die ausgewählte Stelle. Jetzt ist auch der richtige Moment zur Paarung und Eiablage gekommen.

Dabei klebt erst das Weibchen die Eier an Steine, Boden oder Wurzeln, danach schwimmt das Männchen dicht über die Eier hinweg und befruchtet sie mit seinen Spermien.

Der Rothauben-Erdfresser; stolz trägt das Männchen einen roten Stirnbuckel.

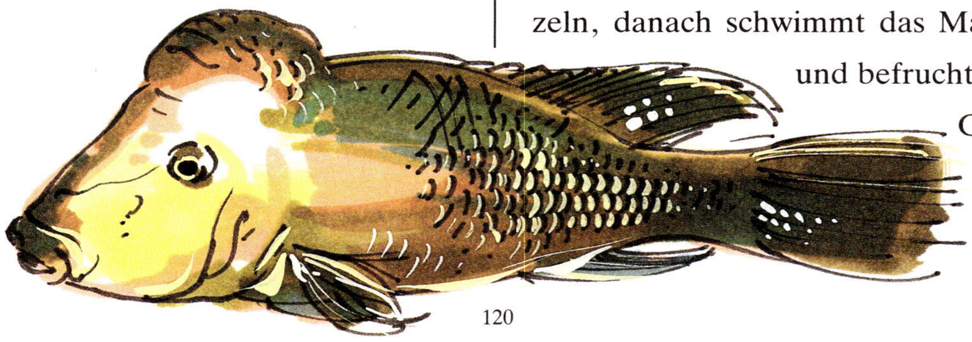

Ganz anders behandelt der Dritte im Bunde, der Rothauben-Erdfresser (*Geophagus steindachneri*) seine Brut. Als einziger spezialisierter Maulbrüter Südamerikas bewahrt er die Nachkommenschaft – ebenso wie die ostafrikanischen Mbuna-Cichliden – schon ab dem Eistadium im Maul auf. (Die übrigen südamerikanischen Maulbrüter machen erst den Mund auf, wenn die Jungfische bereits geschlüpft sind).

Beim Vergleich von Offen-, Höhlen- und Maulbrütern fällt auf, daß sich Männchen und Weibchen im Äußeren umso mehr unterscheiden, je unterschiedlicher ihre Aufgaben bei der Aufzucht der Brut sind. Bei den Offenbrütern sehen beide Partner häufig fast gleich aus, und sie verrichten auch dieselben Aufgaben.

Ganz anders beim *Geophagus steindachneri*: Hier ist das männliche Tier sofort an seinem eindrucksvollen, weinroten Stirnbuckel zu erkennen. Die Brutpflege überläßt der Herr völlig dem Weibchen. Und was sagt der Biologe dazu? Er nennt dies eine „Mutter-Familie". Aber nicht nur, daß sich der *Geophagus* nicht um seine Kinder kümmert, er verjagt obendrein noch die Mutter und begibt sich erneut auf Brautschau. Es ist deshalb ratsam, dem Männchen einen Harem von 2 bis 3 Weibchen zuzugestehen, sonst belästigt es das brütende Weibchen zu sehr. (Und mit vollem Mund kann sie ihm ja nicht mal die Meinung sagen).

Zuletzt noch ein Wort zur Fütterung: wie alle Cichliden, sind auch unsere neuen Freunde in dieser Beziehung recht anspruchslos. Neben Flockenfutter und Futtersticks können größere Cichliden mit Krebsfleisch (Krabben, Garnelen, Shrimps) sowie feinzerschnittenem Fisch versorgt werden. Jungfische kommen mit Staubfutter und Salinenkrebslarven aus.

Die Amerikanischen Regenwaldcichliden bevorzugen folgende Wasserwerte: Wassertemperatur 25 –27° C; pH-Wert 6–7,5; Gesamthärte 6–13° dH.

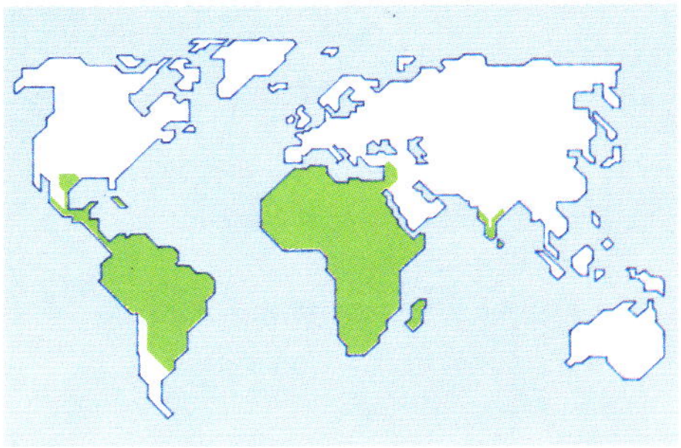

Die Verbreitungsgebiete der Buntbarsche

Die Fische

1.2 Buckelkopfcichliden (1)
Steatocranus casuarius
1.2 Rote Cichliden (2)
Hemichromis bimaculatus
3 Rückenschwimmende Kongowelse (3)
Synodontis nigriventris
6 Kongosalmler (4)
Phenacogrammus interruptus
2 Blaue Antennenwelse (5)
Ancistrus dolichopterus

Die Pflanzen

3 Afrikanische Hakenlilie (A)
Crinum natans
1 Grüner Tigerlotus (B)
Nymphaea lotus
1 Roter Tigerlotus (C)
Nymphaea lotus
3 Barters Speerblatt (E)
Anubias barteri
5 Westafrikanische Speerblätter (F)
Anubias lanceolata
10 Gemeine Hornblätter (G)
Ceratophyllum demersum
5 Zwergspeerblätter
Anubias nana

Aquarium für Regenwald-Cichliden

Die Heimat der Regenwald-Cichliden liegt, wie schon der Name verrät, in den tropischen Regenwäldern Afrikas oder Südamerikas. Sie sind ganz verträgliche, mitunter sogar gesellige Burschen. Nur wenn es um ihr Revier geht verstehen sie, wie die meisten Buntbarsche, keinen Spaß. Eindringlinge werden sofort scharf attackiert.
Diese Kampfhandlungen laufen nach einem festen Ritual ab. Ein interessierter Beobachter ist mit den Turnierregeln nach kurzer Zeit vertraut. Man bekommt förmlich Lust, als Ringrichter einzugreifen. Das abgesteckte Revier ist für die Buntbarsche deshalb so wichtig, weil dort die Jungfische vor den größeren Fischen geschützt sind.

Viele Regenwald-Cichliden, beispielsweise der Rote Cichlide, legen ihre Eier in Gruben oder auf glatten Unterlagen ab. Andere, so der Buckelkopf-Cichlide, lieber in Höhlen. Ob es sich dabei um eine Steinhöhle oder um eine ausgehöhlte halbe Kokosnußschale handelt, spielt keine Rolle.

Als Mitbewohner sind ein kleiner Schwarm Kongosalmler (Schwarmverhalten) und einige kleine Welse empfehlenswert. Eine Attraktion ist auch der ebenfalls aus dem Regenwald stammende Rückenschwimmende Kongowels, der durch seine ungewöhnliche Schwimmweise auf sich aufmerksam macht. Wer diesen Fisch genau beobachtet, kommt sehr schnell dahinter, warum sich der Kongowels so merkwürdig fortbewegt.

Das Aquarium

100 × 40 × 40 cm (160 Liter)

Die Dekoration

Kleine und große Quarzitbrocken, Moorkienholz, halbe Kokosnußschalen für die Buckelkopfcichliden.

Die Technik

Motorbetriebener Außenfilter; Beleuchtung mit 2 Leuchtstoffröhren; CO_2-Düngung; geregelte Heizung (150–200 Watt).

Die Wasserwerte

Temperatur: 24 – 28° Celsius
ph-Wert: 7 – 7.5
GH: 5 – 15° dH

Leitungswasser mit Wasseraufbereitungsmittel. Regelmäßiger Teilwasserwechsel (30%) mit entsprechender Nachdüngung und Wasseraufbereitung.

Die Zwergenkönige

Alle Buntbarsche, die kleiner als 12 cm sind, heißen bei den Aquarianern „Zwergbuntbarsche". Zu diesen Zwergen gehören u. a. der Schmetterlings-Buntbarsch (*Papiliochromis ramirezi*) und der Kakadu-Zwergbuntbarsch (*Apistogramma cacatuoides*).

Diese Zwergbuntbarsche haben nichts gegen das Leben in einer Wohngemeinschaft. Im Gegenteil, erst im Zusammenleben mit anderen Fischen verlieren sie einen Teil ihrer angeborenen Scheu. Schon nach kurzer Zeit verlassen sie ihr Versteck, und man kann sie bei der Brutpflege und dem Revierverhalten beobachten.

Der Schmetterlings-Buntbarsch, von seinen Freunden liebevoll „Ramirezi" genannt, ist ein typischer Offenbrüter. Das Weibchen legt seine Eier – bis zu 300 Stück – in eine etwa 1 cm tiefe und 6 bis 7 cm breite Grube, wo das Männchen sie dann befruchtet. Anschließend stehen die Eltern abwechselnd über den Eiern und fächeln ihnen mit unermüdlichen Bewegungen der Brustflossen sauerstoffreiches Frischwasser zu.

Ein Männchen des Kakadu-Zwergbuntbarsches.

Der Kakadu-Zwergbuntbarsch zieht es dagegen vor, in Höhlen zu brüten. Nachdem das Weibchen seine Eier an der Höhlendecke abgelegt und das Männchen sie befruchtet hat, muß die werdende Mutter sich ganz allein um den Nachwuchs kümmern. „Mann-Mutter-Familie" nennt das der Fachmann. Während die alleinstehende Mutter ihre Brut großzieht, ist ihr untreuer Partner bereits wieder bei einer anderen Schönen gelandet. So entstehen mehrere Brutreviere, die vom Chef persönlich bewacht und eisern verteidigt werden.

Die Fische

2.2 Schmetterlingsbuntbarsche (1)
Papiliochromia ramirezi
2.2 Kakadu-Zwergbuntbarsche (2)
Apistogramma cacatuoides
4 Marmorierte Beilbauch (3)
Carnegiella strigata
6 Rote Ziersalmler (4)
Nannostomus aripirangensis
6 Leopard-Panzerwelse (5)
Corydoras julii
3 Saugwelse (6)
Otocinclus flexilis oder
O. vittatus

Die Pflanzen

20 Schmalblättrige Papageienblätter (A)
Alternanthera sessilis
5 Südamerikanische Wassernabel (B)
Hydrocotyle leucocephala
6 Große Fettblätter (C)
Bacopa caroliniana
6 Indische Wasserwedel (D)
Hygrophila difformis
8 Indische Wasserfreunde (E)
Hygrophila polysperma, grüne Form
10 Seegrasblättriges Trugkölbchen (F)
Heteranthera zosterifolia
30 Zwergschwertpflanzen (G)
Echinodorus tenellus
3 Eiförmige Lagenandra (H)
Lagenandra ovata
1 Grüner Tigerlotus (J)
Nymphaea lotus
15 Rundblättrige Rotala (K)
Rotala rotundifolia
15 Zwergpfeilkräuter (L)
Sagittaria subulata f. pusilla

Aquarium für Zwergbuntbarsche

Der große Auftritt der ganz Kleinen: Alle Buntbarscharten, die kleiner sind als 12 cm, nennt man Zwergbuntbarsche. Viele dieser Zwerge sind sogar noch weitaus kleiner. Wie die Großen, zeigen sie die typischen Verhaltensweisen der Buntbarsche: die oft unterschiedliche Färbung bei Männchen und Weibchen, das Revier- und Brutpflegeverhalten, das Ablaichen und die Aufzucht des Nachwuchses.
Einige schwarmbildende Salmler, dazu die friedlichen Welse, runden das Bild ab. Diese Insassen sind nicht zu lebhaft, um sich gegenseitig zu stören. Trotzdem

findet in allen Bereichen des Aquariums ein geschäftiges Treiben statt. Mit etwas Geschick und dem nötigen Glück stellt sich nach einiger Zeit munterer Nachwuchs ein.

Das Aquarium

80 × 35 × 40 cm (112 Liter)

Die Dekoration

Versteinertes Holz oder Moorkienwurzeln.

Die Technik

Luftbetriebener Schaumstoffilter; Beleuchtung mit 2 Leuchtstoffröhren; CO_2-Düngung; geregelte Heizung (80–125 Watt).

Die Wasserwerte

Temperatur: 25–27° Celsius
GH: 8 – 10°dH
pH-Wert: 6,5–7,5
Leitungswasser mit Wasseraufbereitungsmittel. Regelmäßiger Wasserwechsel (30%) mit entsprechender Wasseraufbereitung und Nachdüngung.

Grelle Beleuchtung, laute Geräusche und plötzlich ins Aquarium fallende Schatten mag dieser hoheitsvolle Fisch überhaupt nicht; er zieht sich dann unverzüglich ins Unterholz – pardon, in die Unterwasserflora – zurück. Überhaupt ist das sein Lieblingsplatz. In der freien Natur findet man den Diskusfisch abseits der Strömung im Wurzelwerk des Steilufers und im Geäst von ins Wasser gefallenen Bäumen. Er liebt seichte Seitenarme der Flüsse, Schwarzwasser und schattige Stellen, die ihm genügend Versteckmöglichkeiten bieten. Droht Gefahr, taucht er in unzugängliche, dunkle Regionen unter.

In solch einem Biotop fühlen sich Diskusfische am wohlsten.

Kindererziehung – hautnah miterlebt

Die Balz der Diskusfische beginnt – wie sollte es bei einem König anders sein – mit einer Verbeugung. Ihr folgt ein rasches Auf- und Zuklappen der Schwanzflossen, wobei sich der Kopf dunkel und der Körper hell färben. Jetzt kommt das typische Rütteln der Cichliden, wobei die Partner abwechselnd ihre Vorderkörper schütteln. Nun ist auch der Zeitpunkt gekommen, einen Laichplatz zu suchen. Vor dem Ablaichen wird die Kinderstube noch einmal gründlich gesäubert. Im Aquarium legen die Diskusfische ihren Laich dann auf den frischgeputzten Steinen oder auf einem umgestülpten Blumentopf ab.

Ungewöhnlich und hochinteressant ist die Brutpflege der Diskusfische: In der Zeit, zu der die Jungen schlüpfen, sondern sie ein Hautsekret ab, das der Brut als erste Nahrung dient. Die ersten 2 bis 4 Tage nach der Geburt ernährt sich der Fischnachwuchs, indem er zärtlich abwechselnd an Vater oder Mutter „knabbert".

Wer als Jungfisch nicht in kürzester Zeit die Eltern findet, hat keine Überlebenschance. Aber keine Sorge: Der Diskusfisch fängt Ausreißer meist rechtzeitig ein, indem er auf Irrwege geratene Junge

Das majestätische Aquarium

Diskus und Skalar sind verträgliche Fische, die man sowohl getrennt als auch in einem Gemeinschaftsaquarium halten kann – vorausgesetzt, es ist entsprechend groß. Bei unserem Besetzungsvorschlag für das Diskusaquarium gehen wir von einem 330-Liter-Aquarium aus, das wegen der Körperform der Fische 50 cm hoch sein sollte.
Die Gesamthärte des Wassers sollte möglichst nicht über 5 bis 10° dH, die Temperatur bei 26 bis 30° C liegen. Da der Braune Diskus und der Skalar heute aus Nachzuchten stammen und an die deutschen Wasserverhältnisse angepaßt sind, ist der pH-Wert des Wassers nicht mehr ganz so wichtig.

Zwei Amigos aus Südamerika. Wem das spanisch vorkommt, der hat sich nicht geirrt, denn Spanisch ist die Sprache, die in Südamerika, der Heimat der Skalare (*Pterophyllum scalare*) und Diskusfische (z. B.: *Symphysodon discus*) vorwiegend gesprochen wird. „Amigo" heißt auf deutsch „Freund", und freundlich sind die beiden, die zur großen Cichlidenfamilie gehören. Daß so ein Diskusfisch hin und wieder einmal Appetit auf einen kleinen leckeren Neon verspürt, steht auf einem anderen Blatt. Untereinander und miteinander sind Skalare und Diskusfische die verträglichsten Wasserbewohner, die man sich vorstellen kann. Raufereien, wie sie zum Beispiel unter Schleierkampffischen öfter vorkommen, sind von ihnen nicht bekannt.

Die Heimat der Skalare befindet sich im Einzugsgebiet des Orinoko, der Diskus dagegen ist weiter südlich zu Hause, im Mündungsbereich des Rio Negro in den Amazonas. Aber wenn sie auch aus verschiedenen Gegenden Südamerikas stammen: Feindschaft kommt keine auf.

Betrachten wir uns die beiden doch einmal einzeln:

König Diskus, der Erste

Auch der wunderbar gezeichnete Diskus gehört zu den Buntbarschen.

Der Diskus ist der anerkannte „König" unter den Aquarienbewohnern, was sicherlich auf sein majestätisches Verhalten zurückzuführen ist. Seine charakteristische Form hat ihm seinen Namen eingebracht: Mit seinem flachen Körper, der immerhin stattliche 20 cm im Durchmesser erreichen kann, erinnert er an eine im Wasser schwimmende Diskusscheibe.

Er ist auch der richtige Fisch für Modebewußte, die neben den „Grundfarben" Braun oder Blau noch Farbschläge wie „Royal-Blue-Diskus", „Türkis-Diskus", „Roter Diskus", „Vielfarbener Diskus" und „Pompadour-Diskus" auswählen können.

Diskus und
Skalar

Zwei Amigos aus Südamerika

Im Aquarium betreiben die Skalare hingegen keine Brutpflege. Der Laich muß deshalb herausgeholt und in ein Aufzuchtbecken gegeben werden. Der Anblick von Jungfischen entzückt allerdings nicht alleine das Auge des Aquarianers, sondern auch das vieler Aquarienmitbewohner, die sich auf eine zusätzliche Mahlzeit freuen. Wer die Jungfische großziehen will, muß daher die Brut von etwaigen Verfolgern trennen.

Die ideale Temperatur, um Skalare im Gemeinschaftsbecken zum Laichen zu bewegen, liegt bei etwa 26° C. Vor der Eiablage werden die Fische von einem „Putzfimmel“ befallen: Mit äußerster Gründlichkeit wird ein Pflanzenblatt gereinigt, auf dem das Weibchen die Eier wie Perlen auf einer Schnur ablegt. Bis zu 1000 kommen da schon zusammen.

Nach ca. 40 Stunden schlüpfen die Larven und fallen vom Blatt. Für einige kann dieser Absturz tragisch enden. Nicht etwa, daß sie sich etwas brechen würden, aber wer in den Mulm auf dem Aquariengrund einsinkt, hat keine Überlebenschance. Hier kann der Aquarianer mit einer unter den Laichplatz gestellten Untertasse helfend eingreifen.

Die Jungfische müssen fünf- bis sechsmal täglich mit Lebendfutter – wie frischgeschlüpften Artemien und Pantoffeltierchen – gefüttert werden.

Majestätisch gleiten die Skalare durch das Aquarium.

Schwarzer Skalar

Marmorskalar

Goldskalar

vorsichtig in den Mund nimmt, zurückbringt und wieder ausspuckt. Hin und wieder gibt es bei Familie Diskus auch Zwistigkeiten. Die Eltern streiten sich in diesen Fällen meist über die Erziehung, genauer gesagt darüber, wer den Nachwuchs um sich scharen darf. Dabei kann es durchaus zu „handgreiflichen“ Streitigkeiten kommen, die bis zu einer Scheidung führen können. „Scheidungsrichter“ ist dann der Aquarienbesitzer, der die Kampfhähne trennen muß, um die Ernährung der Jungtiere nicht zu gefährden. Das Sorgerecht bekommt der Partner, der sich bisher überwiegend um die Erziehung gekümmert hat.

Alles klar, Herr Skalar?

Unter Aquarianern rühmt sich der Skalar, auch Segelflosser genannt, größter Beliebtheit. Man hat lange Freude an ihm, da er bis zu 7 Jahre alt werden kann. Mit seinen langgezogenen Flossen und den vertikalen, dunklen Streifen, sieht er ja auch wirklich beeindruckend aus. Die Streifen bieten überdies eine perfekte Tarnung, wenn sich der Skalar in seinen dunklen, moorfarbenen Heimatgewässern zwischen den Wurzeln ufernaher Bäume oder den Zweigen von ins Wasser gestürzten Bäumen verbirgt. Ebenso wie Diskusfische haben Skalare hier ihre bevorzugten Aufenthaltsorte. In der freien Wildbahn und in großen Schauaquarien werden beide bis zu 15 cm lang und 25 cm hoch.

Männchen und Weibchen sind nur schwer auseinanderzuhalten. Meist ist der Unterschied erst dann zu erkennen, wenn das Weibchen Eier ablegt. Skalare vermehren sich – im Gegensatz zu vielen anderen Fischen – sogar im Gesellschaftsaquarium. Die Voraussetzung dafür sind allerdings ruhige Mitbewohner. In der freien Natur bewachen die Eltern ihren Nachwuchs, bis er schwimmen kann; danach sind die Jungskalare sich selbst überlassen.

Die Fische

4 Brauner Diskus (1)
Symphysodon discus
3 Blaue Antennenwelse (2)
Ancistrus dolichopterus
10 Rost-Panzerwelse (3)
Corydoras myersi
4.4 Agasiz-Zwergbuntbarsche (4)
Apistogramma agasizi
10 Schrägsteher (5)
Nannobrycon eques
10 Kirschflecksalmler (6)
Hyphessobrycon erythrostigma

Die Pflanzen

3 Breite Amazonaspflanze (A)
Echinodorus bleheri
8 Thailändischer Wasserfreund (B)
Hygrophila stricta
30 Zwergpfeilkraut (C)
Sagittaria subulata f. pusilla

Aquarium für Diskus

Die meisten Aquarianer betrachten ein Diskus-Aquarium als die Krönung ihres Hobbys. Der Anblick eines mit majestätischer Ruhe dahingleitenden Diskus-Schwarms ist für jeden Aquarienfreund ein Genuß.

Obgleich diese farbenprächtigen, schwebenden „Untertassen" ausgesprochen ruhige und friedliche Fische sind, kommen auch beobachtungsfreudige Aquarianer am buntbarschtypischen Revier- und Balzverhalten auf ihre Kosten.

Ein einmaliges Schauspiel bekommt der Beobachter zu Gesicht, wenn sich ein Diskus-Pärchen dazu anschickt, seinen Nachwuchs aufzuziehen. In den ersten

Lebenstagen ernähren sich die Winzlinge ausschließlich von einem Hautsekret, das von der Körperoberfläche der Elterntiere abgegeben wird. Wenn das keine vorbildliche Betreuung ist!

Als Beifische wählt man einige kleinere, ruhige Arten, die auch die Winkel und Ecken des Aquariums besiedeln, die dem Diskus weniger zusagen: z. B. einen kleinen Schwarm Kirschflecksalmler und am Aquariengrund Panzerwelse und Zwergbuntbarsche.

Die Diskus-Aufzucht ist im Gesellschafts-Aquarium allerdings nicht möglich. Dazu müssen diese Fische allein, in einem Zuchtbecken gehalten werden.

Das Aquarium

120 × 50 × 60 cm (360 Liter)

Die Dekoration

Moorkienholz, dunkle glattflächige Steine. Großer Schwimmraum erforderlich.

Die Technik

Motorbetriebener Außenfilter; Beleuchtung mit 2 Leuchtstoffröhren; geregelte Heizung; Heizung (300–350 Watt).

Die Wasserwerte

Temperatur: 26 – 28° Celsius
pH-Wert: 6 – 7
GH: 3 – 5° dH

Wasser unter Umständen auf gewünschte Werte senken. Häufiger Teilwasserwechsel (alle 8 Tage 10%) mit entsprechender Nachdüngung; Wasseraufbereitungsmittel und Torfextrakt hinzugeben.

Die Fische

3 Normale Skalare (1)
Pterophyllum scalare
3 Marmorierte Skalare (2)
Pterophyllum scalare
3 Gold-Skalare (3)
Pterophyllum scalare
2 Blaue Antennenwelse (4)
Ancistrus dolichopterus
6–8 Schwarzbinden-Panzerwelse (5)
Corydoras melanistus
3 Goldbartwelse (6)
Sturisoma aureum
5 Punktierte Kopfsteher (7)
Chilodus punctatus
10 Serpaesalmler (8)
Hyphessobrycon callistus
10 Rotkopfsalmler (9)
Petitella georgiae
6 Glaswelse (10)
Kryptopterus bicirrhis
6 Silberbeilbauch (11)
Gasteropelecus sternicla

Die Pflanzen

15 Riesenvallisneria (A)
Vallisneria gigantea
5 Riesen-Schwertpflanzen (B)
Echinodorus major
20 Mittlere Amazonaspflanzen (C)
Echinodorus latifolius
20 Zwergschwertpflanzen (D)
Echinodorus tenellus
15 „Osiris"-Haarnixe (E)
Cabomba „osiris"
15 Eidechsenschwanz (F)
Saururus cernuus
8 Thailändischer Wasser-freund (G)
Hygrophila stricta

Aquarium für Skalare

Die Skalare gehören ebenfalls zum großen Clan der Buntbarsche. Wenn sie nicht gerade hoheitsvoll durch das Wasser gleiten, stehen sie bevorzugt im Uferbereich, zwischen ins Wasser ragenden Wurzeln und Ästen. Dank ihrer Körperform und -farbe sind sie dort hervorragend getarnt. Interessant wird es, wenn Familie Skalar mit der Nachwuchsplanung beginnt. Es muß schon ein besonders schönes Revier sein, und nicht jede Pflanze hat die Ehre zur Eiablage zu dienen. Im Zweifelsfalle legen die Herrschaften auch schon mal selbst Hand an und führen einen gründlichen Hausputz durch. Der Nach-

wuchs wird liebevoll betreut und mit frischem, sauerstoffreichem Wasser befächelt.
Die kleineren Beifische bilden den „Hofstaat“ für seine Hoheit. Mit ihrem lebendigen Schwarm- und Schwimmverhalten bieten Kopfsteher, Glaswelse, Beilbauch & Co. einen abwechselungsreichen Kontrast zu den Skalaren.

Das Aquarium

100 × 40 × 50 cm (200 Liter)

Die Dekoration

Moorkienholz, Lavasteine, Bambusrohre (bis 1 cm Durchmesser)

Die Technik

Motorbetriebener Außenfilter; Beleuchtung mit 2 Leuchtstoffröhren; CO_2-Düngung; geregelte Heizung (150–200 Watt).

Die Wasserwerte

Temperatur:	25 bis 27° Celsius
pH-Wert:	7–7.8
GH:	ohne größere Bedeutung – 10° dH

Leitungswasser mit Wasseraufbereitungsmittel. Regelmäßiger Wasserwechsel mit entsprechender Nachdüngung und Wasseraufbereitung.

UND AUSSERDEM ...

Herr Fisch, bitte zu Tisch!

Das Futter

Eine Frage, die vielen angehenden Aquarianern auf der Zunge brennt: „Womit füttere ich meine Fische?“ Geben wir es doch ruhig zu – über das, was unsere schuppigen Freunde zu verzehren pflegen, haben angehende Aquarianer nur recht verschwommene Vorstellungen. Zuerst denkt man wahrscheinlich an Würmer – für viele wohl eine eher unappetitliche Vorstellung.

Auch unter den Fischen gibt es verschiedene Ernährungsgewohnheiten: Manche mögen es vegetarisch und begnügen sich mit Algen und Pflanzen, andere jagen Insekten, Larven, kleinere Fische oder machen sich sogar als Schmarotzer an andere Fische heran.

Fortgeschrittene Aquarianer können sich den ganzen Abend darüber streiten, welches Futter für welchen Fisch wohl das ideale sei, und viele züchten sich das Lebendfutter selbst. Das mag zwar nach dem Geschmack der Fische, aber sicher nicht nach dem eines jeden Aquarianers sein. Für denjenigen, der sich mit diesem Gedanken absolut nicht anfreunden kann, gibt es hervorragende Futterarten, in denen alles enthalten ist, was die Fische für ihr gesundes Wachstum brauchen.

Ein hervorragendes Aufzuchtfutter für die meisten Jungfische sind die bereits erwähnten frischgeschlüpften Larven des Salinenkrebses (*Artemia salina*). Dieser kleine Krebs lebt in großen Salzseen und legt dort mehrere Millionen seiner Eier aus. In getrockneter Form sind die Eier sehr lange haltbar. Gibt man sie in einen Aufguß von Salzwasser, so schlüpfen die Larven nach ca. 36 Stunden. Mit einem feinmaschigen Netz werden sie von den Eischalen getrennt. Nach kurzem Abspülen unter handwarmem, klaren Wasser, ist dieses Aufzuchtfutter fertig. Der Fachhandel bietet Zuchtansätze mit genauer Beschreibung an.

Hausmannskost und Leckerbissen

Erwachsenen Fischen muß man nur einmal am Tag „den Tisch dekken"; Jungfische haben Anspruch auf ein zusätzliches Frühstück, neugeborene Fische muß man sogar vier- bis fünfmal am Tag versorgen. Letzteren gönnt man entweder feinstes Flockenfutter (Staubfutter) oder aber die frischgeschlüpften Larven des Salinenkrebschens (*Artemia salina*). Aber für alle gilt: Was innerhalb von 3 bis 5 Minuten nicht aufgefressen wurde, war zuviel.

Dieses „Zuviel" sinkt auf den Boden des Aquariums, geht dort in Fäulnis über und belastet das Wasser. Die sich bildenden Stoffe sind für die Fische weitaus unangenehmer, als ein klein wenig hungrig zu bleiben. (Schließlich gibt's in der Natur ja auch nicht jeden Tag einen üppig gedeckten Tisch).

Was nun die Speisekarte angeht: Den „Hauptgang" bildet in der Regel Flockenfutter. Als kleine Genießer brauchen manche Fische jedoch hin und wieder einen leckeren „Nachtisch" in Form von tiefgefrorenem oder gefriergetrocknetem Spezialfutter.

Die Zoofachhandlungen bieten Tiefgefrorenes an: Wasserflöhe, Hüpferlinge, rote und weiße Zuckmücken- und Stechmückenlarven. Die meisten dieser Futtertiere können durch ein besonderes Verfahren gefriergetrocknet werden, so daß sie ein vorzügliches und vor allem ein sauberes Ergänzungsfutter darstellen.

Der Tip des Hobby-Aquarianers

Es ist wichtig, die Fische während der Fütterung genau zu beobachten. Regelmäßige Futterzeiten merken sie sich schnell und erwarten dann schon ganz aufgeregt ihren Pfleger. Häufig haben die Fische eines Aquariums eine Rangordnung unter sich „ausgekämpft", so daß zuerst die großen, kräftigen fressen, und erst dann kommen die kleineren, schwächeren zum Zuge. Fische, die während der Fütterung träge am Boden oder im Versteck verharren und scheinbar nicht den geringsten Appetit haben, müssen näher in Augenschein genommen werden. Oft liegt in solchen Fällen eine Krankheit vor. Wer also seine Fische beim täglichen Füttern genau beobachtet, kann rechtzeitig eingreifen.

Krankheitsgeschichte

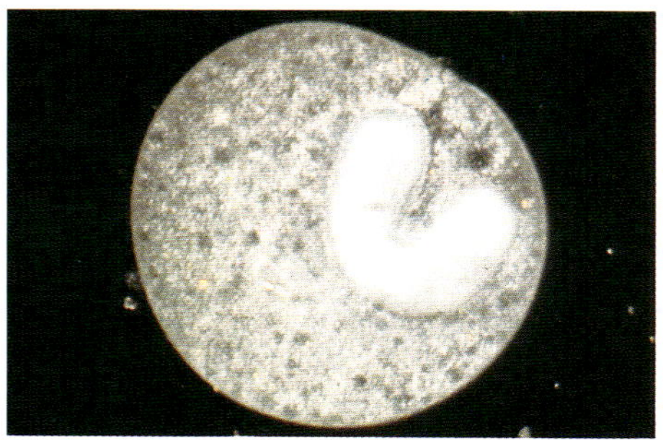

Der ausgewachsene Parasit von Ichthyophthirius multifiliis ist an der typischen Hufeisenform erkennbar.

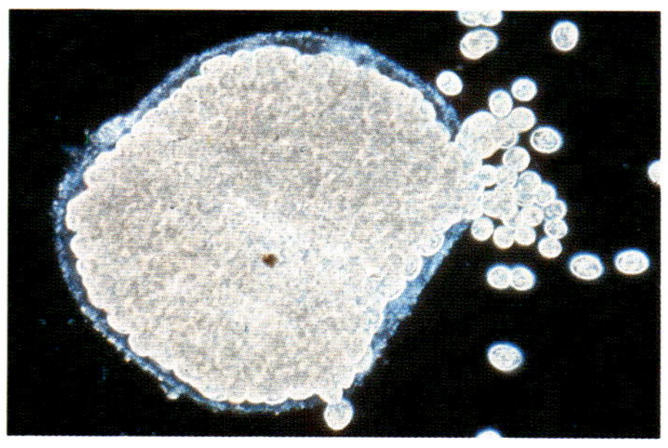

In diesem Stadium setzt die Behandlung erfolgreich ein: aufgeplatzte Zyste mit Schwärmen.

Warum sollte es den Fischen besser gehen als uns Menschen? Wir meinen, es ist ganz natürlich, daß auch Fische einmal krank werden können. Zwar bekommen sie keine Masern oder Mumps, dafür aber eine der recht unangenehmen Fischkrankheiten.

Deshalb folgt jetzt ein kleiner „Erste-Hilfe-Kurs" für Aquarianer:

Mit das Unangenehmste, was einem Fisch passieren kann, ist die Begegnung mit dem winzigen Wimperntierchen *„Ichthyophthirius multifiliis"*, das die sogenannte „Pünktchenkrankheit" auslöst. Dieser Parasit hat die Eigenschaft, sich in die Haut seines unfreiwilligen Wirtes einzugraben, um zwischen Ober- und Unterhaut sein Unwesen zu treiben. Als reifer Parasit wagt er sich dann wieder ins freie Wasser zum Zwecke der Vermehrung. Das ist der Zeitpunkt, zu dem man ihn mit Hilfe eines guten Heilmittels, das im Zoofachhandel erhältlich ist, unschädlich machen kann.

Man sieht den Befall mit diesen Parasiten erst, wenn sie auf der Haut der Fische kleine weiße Punkte verursacht haben. Daß diese auf einmal verschwinden, sollte den Aquarianer nicht beruhigen, sondern eher beunruhigen: Es bedeutet nämlich, daß sich der „Ichthyo" gerade vermehrt, damit er um so zahlreicher wieder zurückkehren kann. Jetzt ist es höchste Zeit, das Heilmittel nach Vorschrift zu verabreichen, sonst sind bald alle Fische infiziert.

Das gleiche gilt natürlich auch für unseren nächsten Befund, die Hauttrübung; diese wird zwar ebenfalls von Parasiten hervorgerufen, aber hier sind es ganz andere Erreger, die der Haut unserer Pfleglinge zusetzen. Wenn bei den Fischen milchig-weiße Trübungen sichtbar werden, kann dafür entweder der kleine Hauttrüber *Costia,* der große Hauttrüber *Chilodonella,* die Hautschmarotzer *Trichodina* und *Tetrahymena* oder auch ein Saugwürmchen verantwortlich sein.

Deutlich erkennbar ist der Befall mit Ichthyophthirius multifiliis, der Pünktchenkrankheit.

Schleimhaut-Trübungen (grauer Belag) lassen auf den Befall mit Schwächeparasiten schließen.

Ein typischer Schwächeparasit ist der Hautschmarotzer Trichodina.

Diese gefürchtete Truppe tritt immer dann in Erscheinung, wenn Fische durch unsachgemäße Behandlung geschwächt sind, die meist in Verbindung mit verschmutztem Wasser steht.

So einfach es ist, sie anzulocken, so schwierig ist es, sie loszuwerden. Oft treten diese Parasiten gemeinsam auf, und die zu verabreichenden Gegenmittel sind behutsam einzusetzen. Im Falle der Hauttrübung empfiehlt es sich also, zwecks genauer Diagnose einen Fachmann zu konsultieren.

Nicht ganz so gefährlich, aber trotzdem nicht zu unterschätzen ist der Befall mit Schimmelpilzen. Schimmelpilze sind im Wasser immer vorhanden. Das muß auch so sein, denn der Schimmelpilz erfüllt eine wichtige Aufgabe bei der Verwertung von tierischen und pflanzlichen Rückständen, die ansonsten in Fäulnis übergehen wür-

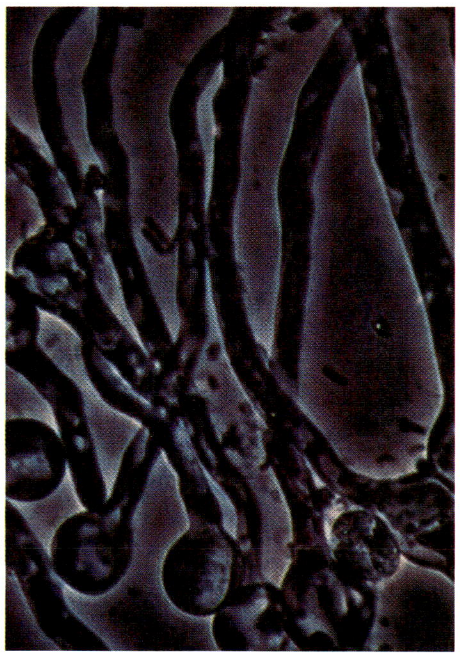

Schimmelpilzfäden unter dem Mikroskop.

So sieht ein Schwertträger mit starkem Schimmelpilzbefall aus.

den. An den Flossen oder dem Körper unserer Fische ist er ein jedoch ungern gesehener Gast. Dort macht er sich vor allem dann breit, wenn Verletzungen (etwa Bißwunden an den Flossen oder Hautverletzungen), den Sporen der Schimmelpilze die Möglichkeit bieten, sich festzusetzen und zu vermehren. Bald bilden sich watteartige, weiße Flächen an den verletzten Stellen, und im Laufe der Zeit entstehen sogar regelrechte Pilzfäden.

Meist werden Fische selbst mit dem Befall fertig. Bei genügend Widerstandskraft verschwindet der Pilz ganz von selbst. Trotzdem sollte man nicht darauf hoffen. Vorsichtiges Entfernen des Belags mit einem weichen, nassen Tuch sowie die anschließende Desinfektion der Stellen mit einem Heilmittel schließen unerwünschte Folgen aus. Heilt die Wunde nicht von selbst, breitet sich der Pilz auch über das gesunde Gewebe aus, was unweigerlich zum Tod des Fisches führt.

Wenn der Neon verlischt ...

Wegen seiner Farbenpracht ist der Neon ein ganz besonders beliebter Aquarienfisch. Befindet sich in dieser schillernden Gesellschaft ein farbloser, blasser Bursche, ist das kein Grund zur Begeisterung, sondern eine Krankheit. Es handelt sich hierbei durchaus nicht um ein seltenes Albino-Exemplar, sondern um den Befall mit *Plistophora,* auch bekannt unter der Bezeichnung „Neonkrankheit".

Der Name sollte ebenfalls nicht darüber hinwegtäuschen, daß auch andere Fische, wie Barben, damit angesteckt werden können. Verursacher ist ein Sporentierchen, das den Fischen im wahrsten Sinn des Wortes „unter die Haut" geht. Im Gegensatz zum „Ichthyo" können sich diese Quälgeister nicht von selbst bewegen; sie sind zur Fortbewegung auf die Wasserströmung und Zufälle, wie zum Beispiel kannibalistische Neigungen der Aquarienbewohner, angewiesen.

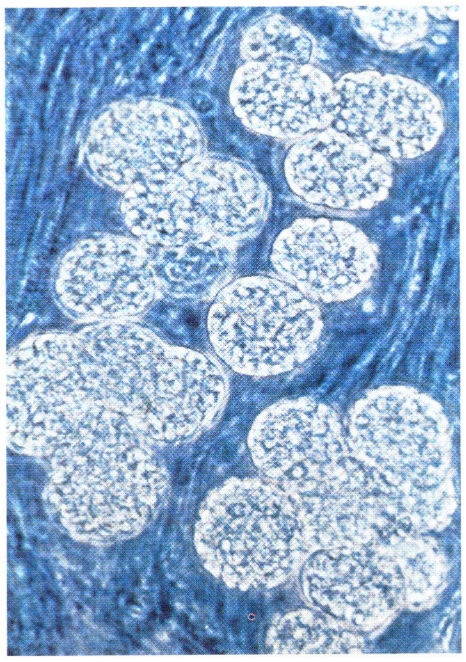

Sporenbehälter, sogenannte Pansporoblasten, der Neonkrankheit Plistophora unter dem Mikroskop.

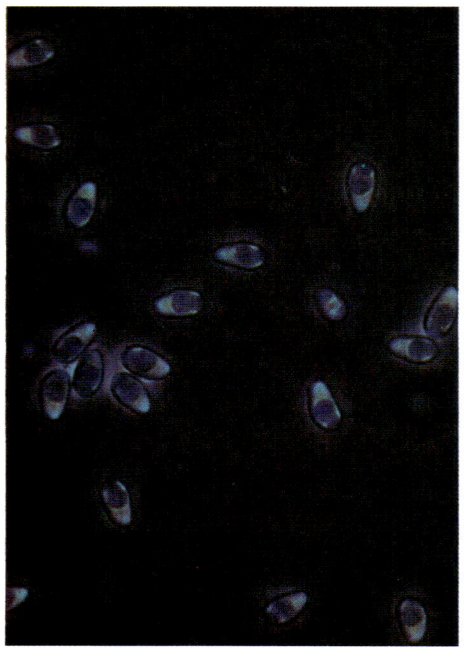

Einzelne Plistophora-Sporen

Die Neonkrankheit. Typisch ist das Ausbleichen der Farben in der Rückenpartie.

Die an der Krankheit gestorbenen Fische werden meist von den Artgenossen verzehrt. Dadurch gelangt der Krankheitserreger auch in ihre Körper. Er dringt durch die Darmwand in die Blutgefäße ein und läßt sich letztendlich meist im Bereich der Rückenwirbel nieder. Für den betroffenen Fisch hat damit sein letztes Stündlein geschlagen. Werden die Auswirkungen durch das Verblassen der Farbe sichtbar, ist bereits jede Hilfe zu spät. Der Fisch muß sofort entfernt und extra gesetzt werden, damit er als leichtes Opfer seiner Mitbewohner nicht noch andere Fische ansteckt.

Wer sein Aquarium sorgsam beobachtet, die Fische nicht durch übertrieben häufige und heftige Eingriffe stört oder schwächt, dürfte nur selten Gelegenheit haben, die geschilderten Krankheitssymptome zu beobachten. Sollte das aber doch einmal der Fall sein, tut der Aquarien-Neuling gut daran, einen Zoofachhändler oder einen versierten Aquaristik-Kollegen um Rat zu fragen; mit Sicherheit wird er auf Unterstützung rechnen können.

„Erste-Hilfe"-Tabelle

Symptome:	Mögliche Ursachen bzw. Krankheiten:	Maßnahmen:
Atemnot, Hängen an der Oberfläche, Verblassen der Farben.	Sauerstoffmangel oder Nitrit- bzw. Ammoniakvergiftung.	Sofortiger Teilwasserwechsel, Belüftung des Wassers, ggf. Filterreinigung; Ursache für Sauerstoffmangel/ Vergiftung ergründen.
Kleine, weiße Pünktchen (Durchmesser: 0,5–1 mm) auf Haut und Flossen.	Pünktchen-Krankheit (Ichtyophthirius multifiliis), auch "Ichthyo" genannt; verursacht von einzelligen Wimpertierchen; ansteckend.	Heilmittel gegen „Ichthyo" ins Wasser gegeben; da die unter der Haut sitzenden Parasiten nicht direkt beeinflußt werden können, sondern nur die frei im Wasser schwimmenden Schwärmer, muß man nochmals behandeln und etwas Geduld haben, bis auch der letzte weiße Punkt verschwunden ist, gegebenenfalls nochmalige Behandlung.
Wattebausch bzw. schimmelartige Beläge an Flossen, Maul oder Körper.	Schimmelpilz-Befall (Saprolegnia), hervorgerufen durch äußere Verletzungen (z. B. Bisse oder bakterielle Maul- und Flossenfäule); bzw. schlechte Wasserbedingungen (z. B. zu niedrige Wassertemperatur oder mangelhafte Filterung; ansteckend.	Sofortiger Teilwasserwechsel und Zugabe eines Heilmittels gegen Verpilzungen; in besonders starken Fällen wird der Krankheitsherd direkt behandelt; Ursachen ergründen, Wassertemperatur überprüfen und ggf. Filter reinigen.
Flossenklemmen, schaukelnde Schwimmbewegungen, Scheuern an Pflanzen und Steinen, Freßunlust.	Meist erste Anzeichen von äußerlichem Parasitenbefall: ○ Pünktchen-Krankheit (s. o.) ○ Costia; Erreger: Geißeltierchen; Symptome: Grauer, schleierartiger Belag auf Körper und Kiemen; bei starkem Befall blutunterlaufene und gerötete Stellen, besonders an den Flossen ○ Chilodonella; Erreger: Wimperntierchen; Symptome: Weißbläuliche bis graue Trübung an Haut und Kiemen.	a) Teilwasserwechsel, Temperaturkontrolle und vorbeugend gegen Parasitenbefall behandeln; b) Auf Parasitenbefall prüfen und entsprechend Pünktchen-Krankheit behandeln.

Pflegemaßnahmen: Mäßig, aber regelmäßig

Auch ein Aquarium, das natürlich aussehen soll, muß hin und wieder die pflegende Hand des Aquarianers zu spüren bekommen. Entgegen der Besorgnis vieler „Aquarien-Greenhorns“ ist der Aufwand für die Pflege des Aquariums gar nicht so groß. Trotzdem führt die Pflege oftmals zu Problemen für Aquarienbewohner und Pflanzen, was an den unterschiedlichen Einstellungen der Aquarianer liegt. Aquarianer können in drei „Pflegetypen“ eingeteilt werden:

1. Der „nachlässige“ Aquarianer
Er behandelt sein Hobby mit leichter Hand. „Es wird sich schon alles von selbst regulieren“ lautet sein Wahlspruch. Leider tut es das aber nicht! Ein Aquarium ist nun einmal ein geschlossener Lebensraum, in dem sich günstige Lebensbedingungen für Tiere und Pflanzen nicht von selbst einstellen.
Ein überlegt eingerichtetes Aquarium, bei dem alle Faktoren wie Bepflanzung, Fischbesatz, Wasser und Aquarientechnik gut aufeinander abgestimmt sind, bietet schon für längere Zeit stabile Lebensverhältnisse. Trotzdem muß hin und wieder etwas getan werden. Manche Aquarienfreunde tun dabei allerdings des Guten schon wieder etwas zuviel. Ein Beispiel dafür ist

2. Der „übereifrige“ Aquarianer
Er kann das Wasser gar nicht oft genug wechseln. Damit tut er den Fischen jedoch keinen Gefallen, da sie sich immer wieder auf neue Wasserbedingungen einstellen müssen. Regelmäßiges Wasserwechseln ist schon wichtig, aber nicht radikal, sondern in kleinen Mengen: etwa $\frac{1}{10}$ des Aquarienwassers pro Woche. Ein totaler Wechsel ist nur dann angebracht, wenn dringende Umstände (Krankheitserreger im Wasser etc.) dies erforderlich machen.

Der „Übereifrige“ spart auch nicht bei den Geräten und übertreibt die Wartungsmaßnahmen. Er verläßt sich, ohne lange zu überlegen, voll und ganz auf Kohlendioxid-Versorgung (zur Pflanzendüngung), Rieselfilter usw., was in seinen Kreisen als „Muß“ gilt.
Bei all diesem Aufwand ist es freilich recht frustrierend für ihn, daß seine Maßnahmen oft nicht die gewünschte Wirkung erzielen. Was war falsch? Nun, das weiß

3. Der „erfolgreiche“ Aquarianer
Er beobachtet täglich die Fische und ihre Bedürfnisse und weiß genau, was Pflanzen wünschen. Für Tiere und Pflanzen gilt im wesentlichen das gleiche: möglichst wenig Störungen, weder zuviel noch zuwenig Nährstoffe, ideale „Betriebstemperatur“ und Eingriffe nur dann, wenn sie unbedingt nötig sind – aber auch in diesen Fällen „mit Samthandschuhen“. Da jeder Aquarianer gern zu dieser Gruppe gehören möchte, befindet sich im folgenden eine kurze Anleitung mit Tips, wie man sich die Zugehörigkeit zum „Club der Erfolgreichen“ sichert:

Bitte warten ... bitte warten ... bitte warten ...
Hier eine kurze Aufstellung der wesentlichen Wartungsarbeiten am Aquarium:
Das Einfache zuerst: Jeden Tag morgens und abends nachschauen, ob im Aquarium noch alles o.k. ist. Unverbrauchtes Futter, abgestorbene Pflanzen und eventuell verstorbene Fische müssen umgehend entfernt werden, sonst entsteht eine erhöhte Belastung des Aquariumwassers.
In den Morgenstunden sollten die Fische gefüttert werden. „Füttern“ ist nicht zu verwechseln mit „mästen“. Die Fische dürfen nur so viel Futter bekommen, wie sie innerhalb weniger Minuten verzehren können.

Wenn die Maschinen schweigen

Ein ganz wichtiger Hinweis:
Wenn die Filterpumpe durch Defekt, Stromausfall oder Verstopfung des Filters eine Zeitlang außer Betrieb ist, sterben die Bakterien im Filtermaterial ab. Dabei entwikkeln sich gefährliche Giftstoffe, die auf keinen Fall in das Aquarium gelangen dürfen, da sonst die ganze „Belegschaft“ in akute Lebensgefahr gerät.
Vor der erneuten Inbetriebnahme des Filters ist also das Filtermaterial gründlich zu reinigen.
Und gleich noch ein wichtiger Hinweis:
Daß man bei seinen Pflegearbeiten darauf achten soll, die Fische nicht zu erschrecken und zu belästigen, ist ganz klar. Ganz unterlassen sollte man das Herumhantieren im Aquarium, wenn die Fische in der Balz- und Laichzeit sind. Störungen nehmen die werdenden Eltern nämlich in diesem Stadium ganz besonders übel: Sie brechen die Balz bzw. das Ablaichen ganz einfach ab. Ruhe ist somit die erste Aquarianerpflicht. Die Fische machen ja auch keinen Lärm.

Täglich beachten

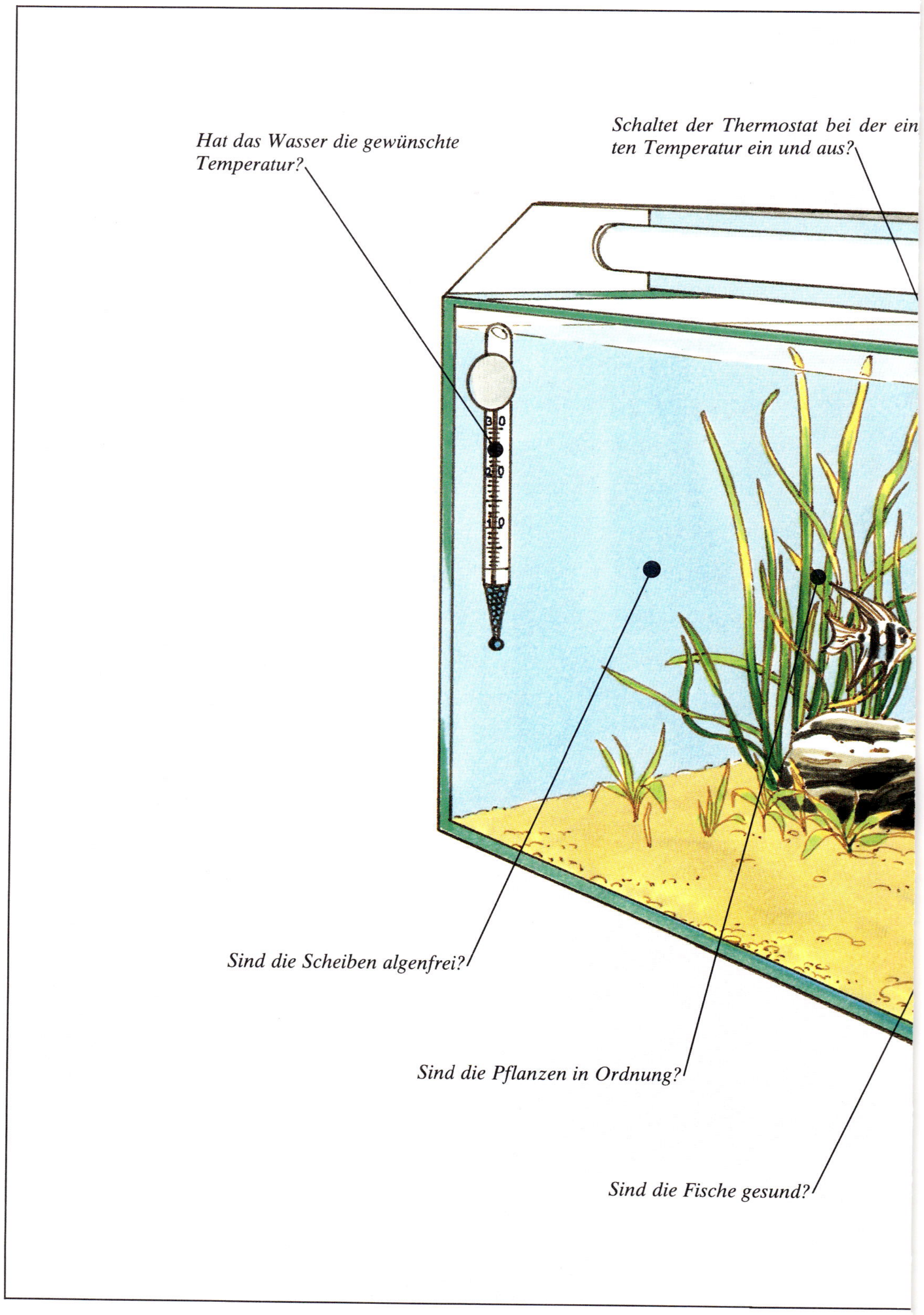

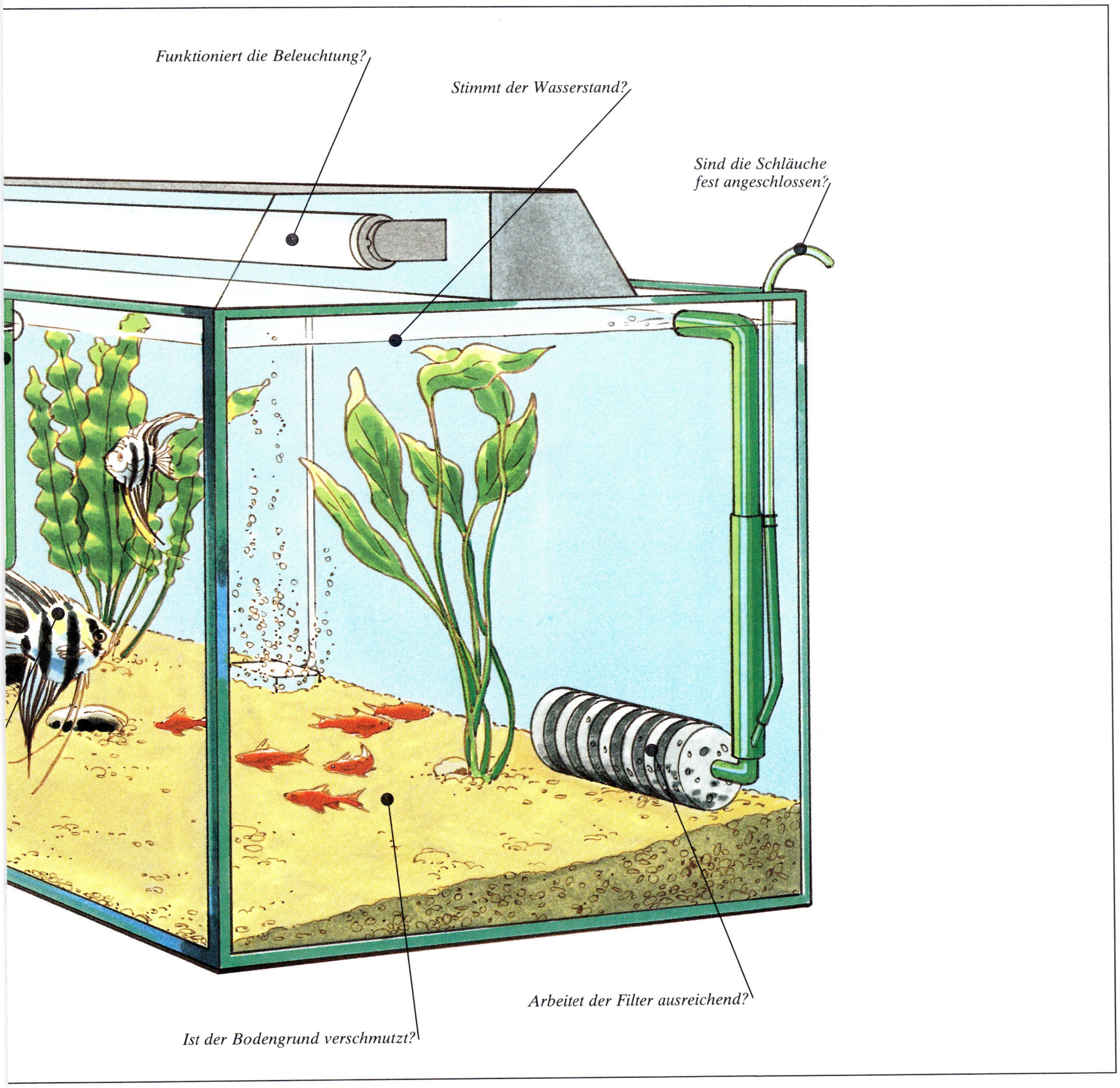

Funktioniert die Beleuchtung?
Stimmt der Wasserstand?
Sind die Schläuche fest angeschlossen?
Arbeitet der Filter ausreichend?
Ist der Bodengrund verschmutzt?

Danach werden Temperatur, Beleuchtung und Filter kontrolliert und darauf geachtet, ob die Fische gesund sind. Das wär's eigentlich auch schon, was die tägliche Pflege angeht. Alle anderen Maßnahmen sollten in größeren Abständen vorgenommen werden.

Welche Arbeiten wann durchgeführt werden, zeigt die folgende Tabelle:

Vorgang	täglich	wöchentlich	14tägig	alle 3–4 Wochen	bei Bedarf
Kontrolle der Wassertemperatur	x				
Funktionskontrolle d. elektr. Geräte	x				
Fütterung der Fische	x				
Gesundheitskontrolle der Fische	x				
Gesundheitskontrolle der Pflanzen		x			
Entfernung abgestorbener Pflanzenblätter					x
Teilwasserwechsel (10% oder 30%)*		x		x	
Zugabe eines Wasseraufbereitungsmittels (mit Wasserwechsel)		x		x	
Zugabe eines Pflanzendüngers (nach Wasserwechsel)		x		x	
Messung der Wasserwerte			x		
Filterreinigung*				x	
Bodengrundreinigung*				x	
Scheibenreinigung					x
Auffüllen verdunsteten Wassers					x

* Vor Reinigung elektrische Geräte abschalten

Scheibenreinigen und Mulm absaugen.

Am Wochenende beispielsweise kann man folgende Arbeiten durchführen:
Reinigen der Aquarienscheiben. Die zu Boden sinkenden Algen müssen zusammen mit dem Mulm mit einem Saugheber abgesaugt werden. Dabei kann auch gleich etwa ein Zehntel des Wassers abgesaugt und durch entsprechend temperiertes Wasser ersetzt werden. Die Konzentration der Schadstoffe und des im Wasser gelösten Kalks wird dadurch verringert. Es reicht nicht aus, nur das verdunstete Wasser zu ergänzen, da der Kalk im Wasser bleibt, was den Fischen auf die Dauer nicht bekommt.
Einmal im Monat sollten der Durchlüfterstein auf Verschmutzung und Durchlässigkeit überprüft und notfalls ausgewechselt werden. Das gleiche gilt selbstverständlich auch für das Filtermaterial. Wie bereits schon einmal an anderer Stelle erwähnt: Filtermaterialien dürfen auf keinen Fall mit heißem oder gar kochendem Wasser ausgewaschen werden, denn sonst gehen die wertvollen Bakterien zugrunde, die das Wasser biologisch wieder aufbereiten; die aquarieneigene Kläranlage wäre zerstört.
Andere Aquarienbewohner muß man jedoch öfter einmal dezimieren, damit sie nicht zur Plage werden, die algenfressenden Schnekken. Einmal im Monat sollten alle sichtbaren Schnecken – mit Ausnahme der Apfelschnecken – entfernt werden.
Auch gärtnerische Tätigkeit ist hin und wieder nicht zu vermeiden. Abgestorbene Blätter sind zu entfernen, „Wucherungen“ werden zurückgeschnitten und Ableger separat eingepflanzt. Bitte nicht vergessen, daß beim Reinigen und anschließenden Mulmabsaugen Wasser verloren geht. (Achtung: Vor Beginn des Absaugens den Netzstecker der Heizung ziehen). Das Wasser muß daher wieder bis an die Wasserstandsmarkierung aufgefüllt und die Heizung wieder angeschlossen werden. Tja, und damit ist für die Pflege des Aquariums gesorgt.

Das richtige Einkürzen von Stengelpflanzen.

Bei allem Eifer darf man aber das Wichtigste nicht vergessen: Jeden Tag sollte man sich die Zeit nehmen und die Vorgänge im Aquarium genau beobachten. Dabei lernt man sehr schnell, ungewöhnliche Vorgänge im Aquarium frühzeitig zu erkennen. Verhalten und Aussehen der Fische werden einem dabei vertraut, und man erkennt schon früh, wenn ihnen etwas fehlt. Bei der Fütterung kann man besonders gut sehen, wie es den Fischen geht; denn ein gesunder Fisch zeigt hier meist das gleiche Verhalten.
Wer sich also die Zeit nimmt, Fische und Pflanzen regelmäßig zu beobachten, kommt mit den genannten Pflegemaßnahmen aus und hat ein gut funktionierendes Aquarium.

Die Fische während der Urlaubsfrische

Eine der Hauptsorgen von Aquarianer-Neulingen: Was mache ich mit den Fischen, wenn es in die Ferien geht?
Die meisten Fische kommen auch ein paar Tage ohne Futter aus; ein Wochenendurlaub schafft also nicht die geringsten Probleme. Aber für ein gut gepflegtes Aquarium ist auch eine zwei- bis dreiwöchige Abwesenheit des Besitzers kein Problem. Sehr bequem ist ein Futterautomat, der den Fischen ihre tägliche Ration beschert. Oder ein Freund bzw. Nachbar schaut regelmäßig nach dem Aquarium und füttert die Fische.
Was man unbedingt vor dem Urlaub machen sollte:

- In den Wochen vor dem Urlaub die Tiere gut füttern und intensiv beobachten.
- Kurz vor dem Urlaub den Filter gründlich reinigen und einen Teilwasserwechsel vornehmen.
- In den Wochen vor dem Urlaub keine neuen Fische einsetzen; erstens bringt das Unruhe unter die Stammbewohner, zweitens könnten die Neulinge Infektionen einschleppen, die sich in Abwesenheit des Aquarienbesitzers ausbreiten.

- Einige Tage vor Reiseantritt die Wassertemperatur langsam um 3 bis 4° C zurücknehmen. Bei niedrigeren Temperaturen verlangsamt sich der Stoffwechsel der Tiere, das Wasser wird weniger stark belastet.
- Eine Woche vor der Abreise die Schaltuhr für die Beleuchtung und die übrigen technischen Geräte (Heizung, Filter etc.) täglich auf ihre ordnungsgemäße Funktion überprüfen.

Immer auf der Lauer: die Algen

Auch hier gilt: Vorbeugen ist besser als heilen, und daher sollte von vornherein für eine gut dosierte Beleuchtung gesorgt werden. Bei zu schwachem Licht freuen sich Braunalgen, bei zu starker oder falscher Beleuchtung die Grün- und die Blaualgen. (Die häufigsten sind übrigens Blau-, Braun-, Pinsel-, Faden-, Bart-, Pelz- oder Schwebealgen.)

Doch irgendwann trifft es wohl jeden Aquarianer einmal: Die Algen in seinem Aquarium vermehren sich rapide. Für das bloße Auge unsichtbar lauern die Algen auf den Zeitpunkt, zu dem sie optimale Existenzbedingungen vorfinden. Verschlechtern sich aus irgendeinem Grund die Bedingungen für die Wasserpflanzen, etwa durch unzureichende Nährstoffe, werden sie geschwächt, und die Zeit der Algen ist gekommen: Sie machen sich rasch überall breit – auf Kosten der Wasserpflanzen, denn diese sind direkte Nahrungskonkurrenten. Doch haben die Algen erst einmal die Oberhand, nutzen sie das rücksichtslos aus.

In einem Aquarium mit gesunden, gut wachsenden Pflanzen haben diese Plagegeister keine Chance. Gefährdet sind deshalb vor allem frisch eingerichtete Aquarien, bei denen die vom Umpflanzungsschock gestreßten Pflanzen noch nicht ihre „Bestform“ erreicht haben, ihre Wurzeln noch nach Halt suchen, das Wasser noch nicht optimale Güte erreicht hat. Vorsicht ist daher angebracht. Am besten, man setzt schnellwüchsige Pflanzen ein, die sich rasch im Aquarium stabilisieren und den Algen keine Gelegenheit zur Ausbreitung geben.

Bart- oder Pinselalge

Fadenalgen

Blaualgen

Braunalgen

Der Punktierte Schilderwels ist ein hervorragender Algenfresser. Allerdings wird er bis zu 30 cm groß.

Auch die Siamesische Rüsselbarbe ist ein fleißiger Algenfresser.

Große Abbildung: Der Feuerschwanz, dessen Schwanzflosse wie in rote Farbe getaucht wirkt.

Algenfresser und „chemische Keule"

Gänzlich vermeiden kann man das Algenwachstum nicht. Das Einsetzen natürlicher Feinde, in erster Linie Fische, die sich von Algen ernähren, hält es jedoch in Grenzen. Black Molly beispielsweise, Saugschmerlen und Schönflossenbarben halten die Algenkolonien in Schach; jedoch stehen Fadenalgen nicht auf ihrer Speisekarte. Blaue Antennenwelse, Gebänderte Saugwelse, Punktierte Schilderwelse, *Hypostomus punctatus* und Siamesische Rüsselbarben denken in Punkto Fadenalgen ganz anders.

Es gibt natürlich auch chemische Algenvernichter. Allerdings sollte man sie nur in akuten Notfällen einsetzen, denn auch die erwünschte Unterwasserflora kann – z. B. bei falscher Dosierung – in Mitleidenschaft gezogen werden.

Hier noch einmal kurz die Hauptursachen für vermehrtes Algenwachstum:

- Schlechter, fauliger Bodengrund.
- Zu stickstoffhaltiges Wasser (Nitrat über 50 mg pro Liter).
- Zu lange Intervalle beim Wasserwechsel.
- Unverbrauchtes Futter im Wasser.
- Zu seltene Reinigung des Filters.
- Zu wenig Wasserpflanzen im Aquarium.
- Falsche Beleuchtung; ideal: 0,2 bis 0,3 Watt pro Liter Wasser.
- Verbrauchte Leuchtstoffröhre (nach einem halben Jahr haben die Röhren oft nur noch halbe Leuchtkraft).
- Zu kurze oder zu lange Beleuchtungszeit; richtig sind 12 bis 13 Stunden pro Tag.
- Sonnenlichteinfall ins Aquarium.
- Zu dichte Decke aus Schwimmpflanzen.
- Zu viele Fische im Aquarium, die mit ihren Ausscheidungen das Aquarienwasser zu stark belasten.

Die Ampel im Aquarium und andere Kuriositäten

Bei der Anschaffung eines Haustieres ist für viele ein wichtiges Kriterium, daß es erziehbar ist. Fische können zwar nicht apportieren, aber wer sagt denn, daß sie dafür nicht ganz andere Leistungen beherrschen? In Japan beispielsweise, einem Land, das in punkto Fischzucht und Aquarienhaltung eine ganz besondere Tradition besitzt, hat man hochinteressante Schauaquarien eingerichtet. Hier zeigt sich, wozu Fische fähig sind.

Da gibt es zum Beispiel das Aburatsubo-Aquarium, in dem man eine ganze Miniaturstadt aufgebaut hat. Die Fische schwimmen durch die Häuserschluchten und werden mit einem speziellen Verkehrssystem gesteuert: An jeder Kreuzung steht eine kleine Verkehrsampel. Drückt der Zuschauer auf einen Knopf, springt drinnen eine Ampel auf Rot. Die wohlerzogenen Fische warten, bis der Querverkehr vorbei ist und die Ampel wieder auf Grün wechselt.

Sogar rechnende Fische gibt es im Land der „aufgehenden Sonne“. Außen befindet sich ein Schaltpult, über das dem Fisch eine Rechenaufgabe gestellt werden kann, z. B. 2 + 3 = ?. Über eine Einrichtung im Inneren des Aquariums gibt der Fisch die Lösung durch. Eine erstaunliche Vorstellung, daß Fische lernfähig sind. Tiere können allerdings nicht wie Menschen ihre Vorgehensweisen planen, überlegen oder vorbestimmen. Sie agieren nach dem Prinzip von Versuch und Irrtum, einem der grundsätzlichen Lernvorgänge.

Die wissenschaftliche Verhaltensforschung arbeitet auf der Basis solcher Erkenntnisse. Professor Karl von Frisch konnte so das Hörvermögen der Zwergwelse nachweisen – davon ausgehend, daß ein Fisch auf für ihn bedeutungslose Reize nicht reagiert. Dagegen ist der Reiz, der von einem fetten Regenwurm ausgeht, für einen Zwergwels geradezu unwiderstehlich. Im Ablauf des Experiments

Des Rätsels Lösung

Wie geht das nun bei der Dressur vor sich? Zuerst steht ja der Wunsch nach einem bestimmten Verhalten. Beispielsweise: Eine Seerobbe soll mit dem Ball jonglieren. Für das Einüben muß man sich Zeit lassen. Immer, wenn das Tier eine gewünschte Reaktion zeigt, ist es zu loben und mit Lekkerbissen zu belohnen. Nach einiger Zeit hat der Schüler herausgefunden, was er tun muß, um seinem Herrchen zu gefallen und die ersehnten Leckereien zu bekommen. Bei diesem Prinzip wird das Grundbedürfnis nach Nahrung erfolgreich ausgenutzt: Nur wenn das Tier seine Lektion lernt, erhält es die Belohnung.

servierte der Professor seinen Fischen die geliebte Delikatesse stets im Zusammenhang mit von einem Tonband erklingenden Pfiffen. Nach einer gewissen Versuchsdauer spielte er dann das Tonband ab, diesmal aber gab es kein Menü. Die erhoffte bzw. erwartete Reaktion trat ein: Auf das Kommando (den Pfiff) versammelten sich seine Zwergwelsschüler am üblichen Futterplatz. Der Beweis dafür, daß Zwergwelse hören können, war erbracht.

Nach diesem System läßt sich auch feststellen, ob Fische in der Lage sind, Farben zu unterscheiden und Formen oder Geschmacksstoffe einzuordnen. So sind die „Verkehrsteilnehmer“ in dem japanischen Schauaquarium darauf trainiert, bei Rot anzuhalten, denn nur dann gibt es Futter. Auch bei den Rechenkünstlern wird mit einem Trick nachgeholfen: Nicht der Fisch rechnet, sondern eine Elektronik, die dem Fisch das richtige Ergebnis sichtbar macht, indem sie die betreffende Zahlentafel – in unserem Beispiel die 5 – mit UV-Licht beleuchtet. Für uns ist diese Lichtfrequenz nicht sichtbar, wohl aber für den Fisch: Er schwimmt auf die Tafel zu, denn er „weiß“, daß es nun etwas zu essen gibt.

Hobby-Aquarianer können Ähnliches berichten. So hat ein junger Aquarianer bemerkt, daß seine Tiere auf den roten Haarschopf reagieren: Immer wenn sich der „Chef“ dem Aquarium nähert, versammeln sie sich an der Stirnwand des Beckens; sie hatten gelernt, daß es in diesen Fällen (meist) zu der erwarteten Fütterung kam. Brünette, schwarzhaarige oder blonde Besucher ließen die Fische dagegen „kalt“.

Es gibt eine Menge Dinge, die man bei der Beobachtung eines Aquariums erfahren und entdecken kann, denn die Aquaristik ist kein Hobby, bei dem schon alles bis ins letzte bekannt, erforscht und ergründet ist. Und gerade diese Herausforderung ist es, was den echten Aquaristik-Fan an diesem interessanten Steckenpferd so reizt.

ANHANG

Hinweise zu den Aquarien

Die bei den Einrichtungsvorschlägen angegebenen Wasserwerte sind Richtwerte, die regional durchaus abweichen können. Bei extremen Abweichungen muß das Aquariumwasser entsprechend aufbereitet werden.

Sollte der eine oder andere Fisch, oder die eine oder andere Pflanze nicht erhältlich sein, so sind der Kreativität des Aquarianers lediglich bezüglich der Verträglichkeit der Fische untereinander Grenzen gesetzt. Der Zoofachhändler bietet eine große Auswahl an Fischen und Pflanzen an und berät sicher gerne.

Bei der Anzahl der Fische gibt die erste Zahl die Männchen und die zweite die Weibchen an; z. B. 2,3 „Roter" Zebramaulbrüter = 2 Männchen und 3 Weibchen.

Pflanzen werden häufig in Bündeln oder Töpfen angeboten. Die Anzahl der empfohlenen Wasserpflanzen bedeutet die Menge der Einzelpflanzen. Da jedoch die Bündel oder Töpfe eine unterschiedliche Anzahl von Einzelpflanzen beinhalten, muß entsprechend der Empfehlung umgerechnet werden.

Erläuterungen zu den Zuchttabellen

Lebendgebärend	= L
Eierlegend	= E
Offenbrüter	= Ob
Höhlenbrüter	= Hb
Maulbrüter	= Mb
Brutpfleger	= Bp
Laichräuber	= Lr
Laichzeit von Nov. – April	= LZ
Brutpflege vom Männchen	= Bp (M)
Nicht bekannt bzw. fraglich	= ?

SG 1: Problemlos nachzuzüchten – keine besonderen Ansprüche an Wasser oder Futter – Jungbrut mit *Artemia salina* und MikroMin leicht aufzuziehen.

SG 2: Nachzucht für den erfahrenen Aquarianer problemlos – teilweise höhere Ansprüche an die Wasserqualität bzw. Fütterung mit Infusorien.

SG 3: Nachzucht stellt hohe Anforderungen an die Wasserzusammensetzung (pH, GH) und die Futterbeschaffung (Infusorien u. Zooplankton) – nur für versierte Aquarianer mit Erfahrung in der Zucht anderer Arten.

SG 4: Nachzucht stellt höchste Anforderungen an den Wasserchemismus, verschiedene Umweltfaktoren und die Futterbeschaffung. Selbst für sehr erfahrene Züchter stellen diese Arten eine Herausforderung dar.

Lebendgebärende Zahnkarpfen

Fischart	Ablaich-becken	Zuchtaquarium (Größe)	Bodengrund	Pflanzen	Laich-substrat	Schlupf-dauer	Fütterung der Brut	Wasser-werte	SG	Sonst.
Segelkärpfling	nein	60–80 cm	Kies	Vallisneria, Schwimmender Wasserhornfarn	entfällt, siehe Pflanzen	entfällt	Algen, MikroMin, Artemia salina	pH 7,5–8,5 GH 25–35° T 25–28° C	3	Salzzusatz 2–3 g/l L, Lr
Lyratail-Molly	ja	ab 50 cm	Kies	Vallisneria, Cabomba caroliniana, Schwimmpflanzen	entfällt, siehe Pflanzen	entfällt	MikroMin, Artemia salina	pH 7,5–8,2 GH 18–30° T 26–28° C	1	etwas Salzzus. 0,1% L, Lr?
Korallenplaty	ja	30 cm	Kies	Vallisneria, Cabomba	entfällt, siehe Pflanzen	entfällt	MikroMin, Artemia salina	pH 7,0–8,2 GH 10–25° T 22–25° C	1	L, Lr?
Skalar	nein	80 cm möglichst hohe Becken	Kies	Echinodorusarten	Blätter, Tonkegel, Blumentöpfe, senkrechte Steine	70–90 Std.	Artemia salina	ph 6,5–6,8 GH 2–8° T 26–28° C	2	Ob E Bp
Leopard-Panzerwels	nein	60 cm lange, flache Becken	Kies	Javamoos, Echinodorusarten	Pflanzenblätter	5–6 Tage	Artemia salina, MikroMin	pH 6–7,0 GH 4–6° T 24–26° C	3	E, Lr? bei WF Laichzeit v. Nov.–April
Antennenwels	nein	60 cm	Kies	Javamoos	Höhlen, Kokosnüsse (halbiert), Blumentöpfe	5 Tage	MikroMin, Artemia salina	pH 5,8–7,5 GH 4–8° T 25–27° C	2	Hb Bp (M) E

Labyrinther

Fischart	Ablaich-becken	Zuchtaquarium (Größe)	Bodengrund	Pflanzen	Laich-substrat	Schlupf-dauer	Fütterung der Brut	Wasser-werte	SG	Sonst.
Zwergfadenfisch	nein	50 cm	Kies	Schwimmpflanzen, Cabomba	Schaumnest, Pflanzenteile	24 Std.	Infusorien später: MikroMin, Artemia salina	ph 6–6,5 GH 2–6° T 26–28° C	3	Bp (M) E
Dicklippiger Fadenfisch	nein	60 cm	Kies	Schwimmpflanzen, Cabomba	Schaumnest	24 Std.	Infusorien später: MikroMin, Artemia salina	pH 6–6,5 GH 2–6° T 26–28° C	2	E Bp (M)
Kampffisch	nein	50 cm	Kies	Schwimmpflanzen, Cabomba	Schaumnest	24 Std.	MikroMin, Artemia salina	pH 6–6,5 GH 4–8° T 26–30° C	2	E Bp (M)
Feuerschwanz und Dornauge	sind im Aquarium bisher nur mit Hormonzugabe bzw. zufällig gezüchtet worden									

Salmler

Fischart	Ablaich-becken	Zuchtaquarium (Größe)	Bodengrund	Pflanzen	Laich-substrat	Schlupf-dauer	Fütterung der Brut	Wasser-werte	SG	Sonst.
Neonsalmler	nein	20–30 cm	grobe Kiesel, Laichrost	Javamoos, Myrio-phyllum	feinfiedrige Pflanzen, Perlonfasern	24 Std.	Zoo-plankton, Infusorien	pH 5–6 GH 1–2° T 21–22° C	4	Lr, E Becken nach Ab-laichen abdun-keln!
Roter Phan-tomsalmler	nein	30 cm	grobe Kiesel, Laichrost	Javamoos, Myrio-phyllum	feinfiedrige Pflanzen	24 Std.	Infusorien, Artemia salina	ph 5,5–6 GH 1–2°	4	Lr, E
Schwarzer Phantomsalm-ler			grobe Kiesel, Laichrost	Javamoos, Myrio-phyllum	feinfiedrige Pflanzen	24 Std.	Infusorien, Artemia salina	pH 5,5–6 GH 1–3° T 24–26° C	3	Lr, E
Karfunkel-salmler	nein	30 cm	grobe Kiesel, Laichrost	Javamoos, Myrio-phyllum	s. Pflanzen, Perlonfaser	24–36 Std.	Zoo-plankton Infusorien	pH 6–6,5 GH 4–10° T 24–26° C	4	Lr, E
Saugwels	nein	30 cm	Kies	Echinodo-rusarten	s. Pflanzen	72 Std.	MikroMin, Artemia salina	pH 5–6,5 GH 2–6° T 24–25° C	4	E, Lr?
Schmetter-lingsbunt-barsche	nein	50–60 cm	Kies	Echinodo-rusarten	Steine Moorkien-wurzeln	60–70 Std.	Artemia salina	pH 6,5–7 GH 2–10° T 27–29° C	3	E Bp Ob
Ziersalmler	nein	ab 30 cm	grobe Kiesel, Laichrost	Javamoos, Myrio-phyllum	feinfiedrige Pflanzen, Perlonfasern	24–48 Std.	Zoo-plankton, Infusorien	pH 5,5–6 GH 1–2° T 24–26° C	3	E Lr
Panzerwelse	siehe Leopard-Panzerwels (Lebendgebärende)									

Regenwald-Cichliden

Fischart	Ablaich-becken	Zuchtaquarium (Größe)	Bodengrund	Pflanzen	Laich-substrat	Schlupf-dauer	Fütterung der Brut	Wasser-werte	SG	Sonst.
Buckelkopf-cichlide	nein	60–80 cm	Kies	Echinodo-rusarten	Höhlen, Kokosnuß-schalen, Blumentöpfe	?	Artemia salina	pH 6,5–7,5 GH 15–17° T 26–29° C	2	Hb E Bp
Roter Cichlide	nein	80 cm	Kies	Echinodo-rusarten	flache Steine	?	Artemia salina, MikroMin	pH 7–7,5 GH 5–15°	2	E Ob Bp
Blauer Kongosalmler	nein	80–100 cm	Kies	Vallisne-rien	entfällt	6 Tage	Infusorien, nach 14 Tagen Artemia salina	pH 6–6,5 GH 4–8 T 25–27° C	4	E
Rücken-schwimmen-der Kongo-wels	nein	80 cm	Kies	Echinodo-rusarten	Höhlen	?	Artemia salina	pH 6,4–7 GH 4–6° T 25–27° C	4	E Hb

Malawisee-Cichliden

Fischart	Ablaich-becken	Zuchtaquarium (Größe)	Bodengrund	Pflanzen	Laich-substrat	Schlupf-dauer	Fütterung der Brut	Wasser-werte	SG	Sonst.
„Roter" Zebramaul-brüter	nein	80 cm	Kies		Steine und Kiesgruben, Maulbrüter	?	Artemia salina, MikroMin	pH 8–9 GH 10–18° T 25–28° C	2	Bp Mb E
Türkisgold-barsch	nein	80 cm	Kies		Maulbrüter	?	Artemia salina, MikroMin	pH 7–8,5 GH 10–15°	2	Bp Mb E

Killifische

Fischart	Ablaich-becken	Zuchtaquarium (Größe)	Bodengrund	Pflanzen	Laich-substrat	Schlupf-dauer	Fütterung der Brut	Wasser-werte	SG	Sonst.
Querband-hechtling	nein	50 cm	Kies	Riccia, Cabomba, Myrio-phyllum	feinfiedrige Pflanzen	8–10 Tage	Infusorien, Artemia salina	pH 6–6,5 GH 4–6°	2	Lr E
Kap Lopez	nein	30 cm	Torffasern	Javamoos	Perlonfasern	14 Tage	Artemia salina	pH 6–6,5 GH 2–5° T 23° C	2	E
Kardinalfisch	nein	30 cm	Kies	Vallisne-rien	Pflanzen	36 Std.	Infusorien, Zoo-plankton	pH 7–7,5 GH 10–15° T 20–22° C	1	Lr E
Zwerg-Sichelwels	nein	40–50 cm	Kies	Echinodo-rusarten	Pflanzenblät-ter	?	Infusorien, Zoo-plankton	pH 6–6,5 GH 4–6° T 23–24° C	4	E Laichzeit Nov.–April
Roter Feuer-salmler	nein	20–30 cm	grobe Kiesel	Javamoos, Myrio-phyllum	feinfiedrige Pflanzen, Perlonfasern	?	Infusorien, Zoo-plankton	pH 5–6 GH 1–2° T 23–26° C	3	E Lr
Brillant-salmler	nein	40 cm	grobe Kiesel, Laichrost	Javamoos, Myrio-phyllum	Perlonfasern, feinfiedrige Pflanzen	2–3 Tage	Infusorien, Zoo-plankton	pH 6–6,5 GH 2–4° T 26–28° C	2	Lr E

Zwergbuntbarsche

Fischart	Ablaichbecken	Zuchtaquarium (Größe)	Bodengrund	Pflanzen	Laichsubstrat	Schlupfdauer	Fütterung der Brut	Wasserwerte	SG	Sonst.
Schmetterlingsbuntbarsch	nein	50–60 cm	Kies	Echinodorusarten	Steine, Moorkienholzwurzeln	60–70 Std.	Artemia salina	pH 6,5–7 GH 2–10° T 27–29° C	3	E Bp Ob
Kakadu-Zwergbuntbarsch	nein	60 cm	Kies	Echinodorusarten	Höhlen, Blumentöpfe, Steinaufbauten	3–4 Tage	Artemia salina	pH 6,3–7 GH 5–10° T 25–27° C	3	E Bp Hb
Marmorbeilbauch	nein	60 cm	Kies	Schwimmpflanzen	s. Pflanzen	30 Std.	Infusorien, Zooplankton	pH 5,5–6,5 GH 2–5° T 26–28° C	4	E
Roter Ziersalmler	nein	ab 30 cm	grobe Kiesel, Laichrost	Javamoos, Myriophyllum	feinfiedrige Pflanzen, Perlonfasern	24–48 Std.	Zooplankton, Infusorien	pH 5,5–6 GH 1–2° T 24–26° C	3	E Lr
Leopard-Panzerwelse	siehe Aquarium Lebendgebärende									

Diskus

Fischart	Ablaichbecken	Zuchtaquarium (Größe)	Bodengrund	Pflanzen	Laichsubstrat	Schlupfdauer	Fütterung der Brut	Wasserwerte	SG	Sonst.
Brauner Diskus	nein	80–100 cm, Höhe 50–70 cm	nicht zweckmäßig	einige große Echinodorus mit Steinen beschwert	Tonvase, 2 aufeinandergestellte Blumentöpfe, Blätter	60–70 Std.	Hautsekret der Elterntiere, später: Artemia salina	pH 6–6,5 GH 1–3° T 28–31° C	4	Ob E Sp
Rost-Panzerwelse	siehe Leopardpanzerwelse									
Agasiz-Zwergbuntbarsch	nein	60 cm	Kies	Echinodorusarten	Höhlen, laicht am Höhlendach, Blumentöpfe	?	Zooplankton, Artemia salina	pH 6–6,5 GH 5–10° T 25–28° C	3	Hb Bp E
Schrägsteher	nein	30 cm	grobe Kiesel, Laichrost	Javamoos, Myriophyllum, Cabomba	feinfiedrige Pflanzen, Perlonfasern	1–3 Tage	Zooplankton, Infusorien	pH 6 GH –2° T 24–27° C	4	Lr E
Kirschflecksalmler	nein	30–40 cm	grobe Kiesel, Laichrost	Javamoos, Myriophyllum, Cabomba	feinfiedrige Pflanzen, Perlonfasern	24 Std.	Zooplankton, Infusorien, nach 10 Tagen Artemia salina u. MikroMin	pH 5–6,5 GH 2–4° T 24–26° C	3	Lr E

Skalare

Fischart	Ablaich-becken	Zuchtaquarium (Größe)	Bodengrund	Pflanzen	Laich-substrat	Schlupf-dauer	Fütterung der Brut	Wasser-werte	SG	Sonst.
Skalare	nein	80 cm möglichst hohe Becken	Kies	Echinodo-rusarten	Blätter, Tonkegel, Blumentöpfe, senkrechte Steine	70–90 Std.	Artemia salina	pH 6,5–6,8 GH 2–8° T 26–28° C	2	Ob E Bp
Marmorierte und Gold-skalare	siehe oben									
Antennenwels	siehe Lebendgebärende									
Corydoras melanistius	siehe Leopardpanzerwels (unter Lebendgebärende)									
Goldbartwels	nein	80–100 cm	Kies	Echinodo-rusarten	Steine, Aquarien-scheibe	6–7 Tage	Algen, zerriebene Erbsen und Eigelb	pH 6,5–7 GH 3–5° T 26–28° C	4	Ob E Bp (M) LZ 11–4
Punkt. Kopf-steher	nein	ab 80 cm	Kies	Echinodo-rusarten, Javamoos, Myrio-phyllum	Pflanzen		Artemia salina	pH 6–6,5 GH 4–8° T 25–27° C	3	Lr E
Serpaesalmler	nein	30–40 cm	grobe Kiesel, Laichrost	Javamoos, Myrio-phyllum, Cabomba	feinfiedrige Pflanzen, Perlonfasern	24 Std.	Zoo-plankton, Infusorien	pH 5–6,5 GH 2–4° T 24–26° C	3	Lr E
Rotkopf-salmler	nein	40 cm	grobe Kiesel, Laichrost	Javamoos, Myrio-phyllum	feinfiedrige Pflanzen, Perlonfasern	24 Std.	Zoo-plankton, Infusorien	pH 5–6 GH –1° T 24–26° C	4	Lr E
Glaswelse	Zucht bisher im Aquarium nicht gelungen									
Silberbeil-bauch	siehe Marmorbeilbauch									

Sachwortregister

Fotonachweis

Brünner: 155 alle
Frickhinger: 140, 141, 142, 143, 144
Kahl: 10 u., 11, 39, 44, 45, 54 o., 57, 58, 69 r., 81, 84, 87, 129, 156 u.
Linke: 54 u., 61/62, 63, 64
Paysan: 76/77
Seegers: 10 o.l., o.r.
Staeck: 112, 130
Tetra: 69 l., 101, 118, 132, 156 o.

Weiterführende Fachliteratur ist im Zoofachhandel und Buchhandel erhältlich. Bitte lassen Sie sich dort beraten.